말씀 따라 걸어가자

말씀 따라 걸어가자

발달장애인과 함께하는 말씀체험 이야기 1

분당우리교회 우리사랑부 · 김민수 — 지음

말씀 따라 걸어가자

초판발행 | 2019년 4월 19일

지은이 | 분당우리교회 우리사랑부, 김민수
펴낸이 | 조병성

진행 | **말씀체험** 김은정, 김지영, 김해솔, 이도영, 이선경,
　　　　 이유정, 이지연, 이하민, 이현정, 주연아, 주진아, 정진미, 최윤정, 홍연실
　　　　 더 생각하기·어울리는 찬양 서명지, 최승미
사진 | 안상준, 이중렬, 최태환, 김민수
교정 | 김미선, 김정은
편집디자인 | 이지연
일러스트 | 황진호

펴낸곳 | 밀알
등록번호 | 537-95-00018
주소 | 서울시 강남구 광평로 295(수서동, 사이룩스) 동관 207호
전화 | 02-3411-6896
팩스 | 02-3411-6657
인쇄 | 열매상사

ISBN 979-11-966743-0-4

저작권법에 의해 보호를 받는 저작물으로 무단 전재와 복제를 금합니다.
잘못된 책은 구입처에서 교환해 드립니다.
책값은 뒤표지에 있습니다.
수익은 한국밀알선교단을 통해 장애인선교사역에 사용합니다.

개역개정판 성경을 인용했습니다.

친환경 종이(그린라이트)를 사용해서 제작했습니다.

책이 나오도록 후원한 밀알복지재단, 남서울은혜교회 함께하는 앙상블, 분당우리교회 우리사랑부, 수원화산교회 사랑부, 서문교회 사랑부, 선한목자교회 선한사랑부, 향상교회 사랑부, 태국 큰빛복지선교센터에게 감사드립니다.

추천의 글

우리는 때로 목적 없이 길을 걷기도 합니다. 그러나 정해진 코스를 따라 목적 여행을 하기도 합니다. 성경의 첫 페이지를 여는 사람마다 그 길의 최종 목적지를 궁금해 합니다. 그 길을 걷는 일이 쉬운 것은 아닙니다. 그런데 여기 참으로 쉽고 신나게 그 길을 안내하는 책이 출간되었습니다. 아름다운 언어, 아름다운 그림, 아름다운 설명이 그 길을 흥미롭게 합니다. 문자 그대로 '성경 말씀을 온 몸으로 체험하게 하는 책'입니다. 장애인 식구들만이 아니라 모든 그리스도인들에게 동반자가 될 것입니다. 무료한 삶의 어느 날, 스릴 있는 모험이 필요하거든 친구와 함께 이 책으로 가장 위대한 모험에 도전하십시오. 이 길 끝에서 역사의 주인을 만날 것입니다. 자, 그러면 말씀을 따라! 출발입니다.

이동원 | 한국밀알선교단 이사장

저자 김민수 목사는 분당우리교회 우리사랑부를 담당하는 교역자입니다. 장애인부서를 향한 김목사의 열정과 사랑은 크고 감사했습니다. 특히 예배 인도자로서 정성을 다해 준비하는 모습이 귀했습니다. 장애를 가진 이들은 다양한 감각으로 하나님을 알아간다며, 하나님의 말씀을 몸과 마음으로 체험하는 길이 행복하다고 했습니다. 이번에 그 내용을 담은 책을 발간하게 되어 기쁘게 생각합니다. 장애학생과 청년, 그리고 교사의 몸짓과 표정 등 현장의 모습이 그대로 담겨 있어 더욱 따뜻하고 정겹습니다. 장애인부서뿐만 아니라 주일학교를 담당하는 분들에게도 도전이 되지 않을까 생각합니다. 교육 현장에서 말씀을 행복하게 체험하고 싶은 이들에게 이 책을 권합니다.

이찬수 | 분당우리교회 담임목사

기독교 신앙은 창조주 하나님과 함께 믿음과 소망과 사랑을 누리는 것입니다. 행복의 원천이 그곳에 있습니다. 한국밀알선교단에서 시작한 '발달장애인 신앙교육 프로젝트'는 발달장애인의 행복을 위한 연합과 섬김입니다. 현재까지는 발달장애인의 눈높이에 맞춘 신앙교육 방법과 자료가 부족합니다. 프로젝트 일환으로 '분당우리교회 우리사랑부 말씀체험 이야기'가 책으로 나온다는 소식을 들었습니다. 얼마나 기쁘고 감사했는지 모릅니다. 「말씀 따라 걸어가자」라는 책 제목만 보아도 흐뭇합니다. 내용을 살펴보니 듣던 대로 아주 좋습니다. 말씀을 따라 걷는 길, 참으로 아름답습니다. 자세하고 구체적인 글을 보면서 수고한 분들이 무척 고마웠습니다. 생생하고 역동적인 사진이 현실감을 높입니다. 책을 보는 내내 행복했습니다. 맞습니다. 「말씀 따라 걸어가자」는 아름답고 행복한 이야기입니다. 반갑고 기쁜 마음으로 이 책을 추천합니다. 교회뿐만 아니라 복지기관, 특수학교, 치료센터 등 다양한 곳에 행복을 전할 것입니다. 올해 안에 두 번째 이야기가 나온다는 소식도 들었습니다. 벌써부터 기대되고 기다려집니다. 발달장애인과 함께하는 행복한 프로젝트, 소중히 이어지길 응원합니다.

정형석 | 밀알복지재단 상임대표

발달장애인(지적·자폐성장애)은 인지와 의사소통에 어려움을 겪는 경우가 많습니다. 발달장애는 대부분 중증장애로, 어린 시기에 시작해서 평생 지속됩니다. 발달장애인의 삶은 힘들기 때문에, 회복이 필요합니다. 당신의 형상대로 우리를 만드신 하나님은 자신의 피조물인 사람이 처음 창조 때의 모습으로 회복되길 원하십니다. 어떻게 이 놀라운 사실을 발달장애인과 나눌 수 있을까요. 그것이 늘 고민이었습니다. 그런데 여기 「말씀 따라 걸어가자」라는 책이 하나님의 사랑을 회복하는 소중한 '길라잡이'가 될 것입니다. 내가 누구인지, 어디에 속해 있는지에 따라 우리의 판단과 가치관이 달라집니다. 길이요 진리요 생명이신 예수 그리스도를 믿고 따른다는 것은 관념의 문제가 아닙니다. 잘못된 삶을 버리고 올바른 방향으로 향하는 구체적인 행동입니다. 이 책을 통해 그리스도인으로서 자신의 정체성을 분명하게 깨닫게 될 것입니다. 하나님의 자녀로 온전히 회복되어 행복한 삶을 살아가게 될 것입니다. 더욱이 이 책은 분당우리교회 우리사랑부에서 적용한 내용을 담아 정리한 것입니다. 그만큼 활용성이 아주 높습니다. 발달장애인과 함께하는 교회학교 부서라면 어느 곳이든 유용하게 사용할 것입니다. 이 책을 기쁜 마음으로 추천합니다.

이준우 | 강남대 사회복지학부 교수

하나님의 말씀을 듣는 축복에는 누구도 소외될 수 없습니다. 거기에는 발달장애인도 포함됩니다. 발달장애인의 영성을 두드리는 말씀 전함에는 두 가지 측면이 있습니다. 하나는 발달장애인을 대상으로 말씀 내용의 양과 깊이를 어느 정도에서 할 것인가의 문제입니다. 또 하나는 어떻게 전할 것인가의 문제입니다. 「말씀 따라 걸어가자」는 복음의 핵심 내용을 발달장애인이 적절하게 먹을 수 있는 양과 질로 잘 구성했습니다. 이 책의 장점은 단원 구성입니다. 성경 배경을 먼저 제시하여 단원 학습의 전체 맥락을 파악했습니다. 발달장애인의 인지적 특성을 반영하여 전통적인 교사 위주의 직접교수법적 접근을 벗어났습니다. 학습자 중심의 구성주의적 활동으로 말씀을 깨닫도록 매 단원마다 한 땀 한 땀 수를 놓았습니다. 「말씀 따라 걸어가자」는 발달장애인에게 말씀을 전하려는 분당우리교회 우리사랑부의 열정과 여러 기관의 협력으로 탄생했습니다. 이 땅의 발달장애인도 말씀을 받는 것에 동참할 수 있는 귀한 길이 열렸습니다.

강창욱 | 강남대 중등특수교육과 교수

미국의 한 교회학교 아동부 1학년 반에 또래보다 한 살 많은 9살짜리 다운증후군 필립이 있었습니다. 그 반의 교사는 아이들에게 플라스틱 달걀껍질을 하나씩 주었습니다. 밖에서 저마다 새 생명이라고 생각되는 것을 그 안에 담아 오라고 했습니다. 어떤 아이는 꽃을, 어떤 아이는 나비를 넣어 왔습니다. 그러나 마지막 달걀인 필립이의 것을 열었을 때 그 안에는 아무것도 없었습니다. 아이들은 저마다 비난의 소리를 퍼부었습니다. 그때 필립은 선생님을 올려다보며 말했습니다. "그거 제 거예요. 제가 그랬어요. 비어 있어요. 무덤이 비어 있기 때문에 제게는 새 생명이 있어요." 그러나 심장병을 가졌던 필립은 그해 여름 하나님 곁으로 갔습니다. 장례식 날, 여덟 살짜리 필립의 친구들은 꽃을 들지 않았습니다. 그 '텅 빈 달걀'을 친구 필립의 관 위에 올려 주었습니다. 「말씀 따라 걸어가자」가 필립이의 텅 빈 달걀이 되기를 바라며 추천합니다. 이 책을 통해 발달장애친구들이 표정으로, 몸짓으로, 때로는 소리로 복음에 반응하기를 소망합니다.

신현기 | 단국대 특수교육과 교수

'분당우리교회 우리사랑부 말씀체험 이야기'인 「말씀따라 걸어가자」 출간을 진심으로 축하합니다. 특수교육현장에서는 국가수준의 교육과정과 그에 따른 교과서와 보조 도서들이 개발되어 다양한 형태의 교육 자료를 활용합니다. 이에 비해 발달장애인 주일학교에서는 하나님의 말씀에 대한 교재교구가 상대적으로 부족합니다. 그런데 이번에 분당우리교회 우리사랑부에서 워크북 형태의 말씀체험 이야기 책을 만들어 매우 기쁩니다. 장애인부서뿐만 아니라 일반 주일학교 교사에게도 유익할 것입니다. 이 이야기 책으로 발달장애인이 하나님의 말씀을 더욱 체계적으로 배우길 원합니다. 배운 바를 삶 속에서 실천하길 원합니다. 요한복음 9장 말씀처럼 하나님의 뜻을 나타내는 주님의 존귀한 자녀로 자리매김하길 바랍니다. 이 책을 만들기까지 수고한 모든 분들에게 하나님의 크신 은혜가 함께하기를 기도합니다.

김용한 | 용인강남학교 교장

장애를 가진 이들을 하나님의 나라와 말씀으로 인도하기 위해서는 많은 지혜가 필요합니다. 장애인 사역을 하면서 "하나님께서는 어떻게 발달장애인에게 말씀하실까, 발달장애인은 어떻게 하나님의 말씀을 이해하고 받아들일까, 하나님의 말씀을 어떻게 발달장애인에게 효과적으로 전달할 수 있을까?"라는 물음에 명쾌하게 답하지 못하고 머뭇거릴 때가 있었습니다. 이때, '발달장애인 신앙교육 프로젝트'로 「말씀 따라 걸어가자」가 출간된다는 반가운 소식을 접했습니다. 분당우리교회 우리사랑부가 지난 5년간의 소중한 경험을 정리했습니다. 아낌 없이 주는 나무처럼 한국교회와 장애인부서를 위해 공개했습니다. 발달장애인이 하나님을 조금 더 분명하게 만날 수 있는 길과 방법을 제시했습니다. 분당우리교회 우리사랑부가 장애를 가진 이들과 직접 나눈 말씀체험 이야기, 한국교회와 장애인사역에 새로운 이정표가 되기를 기대합니다.

여광조 | 대전밀알선교단 단장

"발달장애인도 복음을 이해할까요?" 이 질문에 대한 답을 하기란 쉽지 않을 것입니다. 하지만 사랑부 사역의 경험이 있는 사람은 분명하게 말할 수 있습니다. 발달장애인에게도 복음을 전해야 한다는 사실을. 복음을 얼마나 이해하는지, 어떻게 이해하는지는 어쩌면 중요하지 않을 수 있습니다. 중요한 것은 발달장애인도 복음을 전해야 할 대상이라는 사실입니다. 주님은 우리에게 '이들에게 복음을 전하며 복음으로 섬기는 일'을 명하셨습니다. 분당우리교회 우리사랑부가 귀한 영혼들에게 전했던 복음과 주님께서 경험케 하신 사역의 열매를 이 책에 담았습니다. 막막할 것 같은 사랑부 사역의 길을 비추고, 동역자들에게 위로와 힘을 전합니다. 글로 읽고 말로 푸는 이성적 사고로 말씀을 깨닫게 하는 설교 사역, 발달장애인에게는 어떻게 실행할 수 있을까요? 분당우리교회 우리사랑부는 '체험'이라는 답을 내놓습니다. 성령 하나님은 우리 주 예수 그리스도의 은혜를 하나님이 택하신 자들에게 베푸심에 아무런 차이를 두지 않습니다. 사랑부 사역을 하는 교회나 교사들, 그리고 발달장애인을 사랑으로 양육하는 부모님들에게 이 책을 소개합니다. 이 책은 그리스도의 복음에 사로잡힌 귀한 사역자의 헌신을 보여주는 또 하나의 책입니다. 바로 우리가 사랑하는 사랑부 교우들을 향한 헌신 말입니다.

김병훈 | 합동신학대학원대학교 교수

비장애인주일학교 교재조차 구하기 어려운 선교지에서 23년간 장애인사역을 해왔습니다. 체계적이고도 실제적인 발달장애인 신앙교육교재를 오랫동안 기다렸습니다. 이번에 '발달장애인 신앙교육 프로젝트'로 출간하는 『말씀 따라 걸어가자』는 발달장애인 신앙교육 교재를 찾던 이들에게 반가운 소식이 될 것입니다. 여전히 많은 사람들이 발달장애인 신앙교육 가능성에 의문을 갖습니다. 이 책은 온전히 발달장애인 신앙교육에 맞추었기에 의미가 큽니다. 또한 전통적인 방식의 신앙교육과 설교방식을 벗어납니다. 분당우리교회 우리사랑부 교역자와 교사와 발달장애인 모두 현장에서 다양한 시청각 자료를 사용했습니다. 그래서 발달장애인 신앙교육 현장에 바로 활용 가능합니다. 이 책을 통해 교회 발달장애인 부서와 발달장애인 선교현장(비록 드물기는 하지만)이 하나님의 말씀으로 채워지길 바랍니다. 모든 발달장애인이 예수님 안에서 새 생명과 하늘나라의 샬롬을 충만하게 누리길 소원합니다.

송태규 | 태국 큰빛복지선교센터 선교사

발달장애를 가진 친구들은 의사소통이 어렵습니다. 말씀을 이해시키기가 쉽지 않습니다. 주위가 산만한 친구들에게 말씀을 전달할 때면 '그들이 말씀을 얼마나 이해하고 있을지'를 고민합니다. 이들에게 역동적인 활동으로 말씀을 전하는 좋은 책이 출간되었습니다. 발달장애인과 함께하는 모든 곳에 도움이 될 것입니다. 오감으로 말씀을 접하게 하고, 활동으로 말씀을 다시 되새깁니다. 발달장애를 가진 친구들이 말씀 안에서 잘 세워지길 기대하며 이 책을 추천합니다.

남재중 | 부산경남장애인주일학교연합회 회장

교회 장애인부서와 사역자는 발달장애인 의사소통 정도, 생애주기, 부서 상황 등에 따라 다양한 자료(말씀과 활동)가 필요합니다. 하지만 소수의 장애인사역 전문기관만이 출판을 진행합니다. 각 교단이나 교회에서 관련 자료를 만들지 못합니다. '분당우리교회 우리사랑부 말씀체험 이야기'를 담은 「말씀 따라 걸어가자」 출간은 가뭄의 단비처럼 반가운 소식입니다. 이 책은 말씀과 활동이 자연스럽게 연계되도록 풍성한 자료를 담았습니다. 실제적으로 체험하도록 다양한 활동을 넣었습니다. 현장에서 바로 사용하거나, 응용할 수 있습니다. 이 책은 교회 장애인부서와 복지선교사역 현장에서 귀하게 사용될 것입니다. 장애인부서 사역자에게 일독을 권합니다.

이상록 | 염광교회 사랑부 담당목사

이번에 출간하는 「말씀 따라 걸어가자」는 대다수 장애인주일학교가 고민하던 부분을 해소해 주었습니다. 장애인주일학교 예배는 말과 글이 아닌 체험으로 하나님의 말씀을 만나게 합니다. 하나님 나라는 삶과 체험으로 능력 있게 전달됩니다. 장애인교회학교 예배 필요에 맞추어 분당우리교회 우리사랑부와 한국밀알선교단이 좋은 책을 만들어주어 감사합니다. 우리사랑부 교역자와 선생님이 함께 고민하고 적용하며 만든 책입니다. 실제적인 내용이어서 바로 활용할 수 있습니다. 그래서 좋습니다. 사진자료를 잘 첨부했습니다. 체험활동의 성경적 배경과 의미, 체험과정과 결과물까지 친절하게 설명했습니다. 여러 교회와 단체에서 발달장애인을 위한 성경교육과 체험활동을 고민하면 좋겠습니다.

안재영 | 선한목자교회 선한사랑부 담당목사

장애인주일학교를 섬기는 교역자로서 「말씀 따라 걸어가자」가 출간되어 기쁘고 감사합니다. 발달장애인은 비장애인과 마찬가지로 말씀을 듣고 반응합니다. 말씀을 다양한 감각으로 체험하고 경험할 때 더욱 선명하게 받아들일 수 있습니다. 이 책을 통해 하나님의 말씀을 오감으로 경험하는 역사가 일어나길 기도합니다. 이 책은 실제 사용에 용이하도록 상세한 설명과 사진이 곁들여져 있습니다. 현장에서 유용하게 사용할 수 있습니다. 장애인교회학교 현장에 하나님의 말씀이 경험되어지기를 바랍니다.

이재환 | 서문교회 사랑부 담당목사

아이들이 자랍니다. 아이가 웃으면 하루가 즐겁고, 아이가 슬프면 같이 아파했던 아이 같은 시기가 지나 아이들이 커 나갑니다. 이 아픔과 기쁨이 온전히 하나님 안에서 이루어지길 기도합니다. 저는 자폐성장애 남매를 둔 엄마 임신화입니다. 그동안 여러 교회에서 사랑으로 섬겨주시는 사랑부 선생님을 뵐 때면 또 다른 위로가 있었습니다. 하지만 한 가지가 부족하다고 느꼈습니다. "우리 아이들에게 하나님의 말씀을 어떻게 효과적으로 전할 수 있을까"라는 고민입니다. 비장애친구와 다른 공과교재가 있으면 좋겠다는 바람이 있었습니다. 이번에 한국밀알선교단과 분당우리교회 우리사랑부에서 「말씀 따라 걸어가자」를 출간한다는 이야기를 들었습니다. 무척 반가웠습니다. 글로 이해하는 것이 비장애인과는 다른 발달장애인에게 오감을 활용하여 말씀을 전하는 걸 보았습니다. "오! 하나님 감사합니다"라는 기도가 먼저 나왔습니다. 이 책을 공과시간에 활용한다면, 어느 곳에서라도 다양한 연령대 발달장애인이 말씀을 접할 수 있을 것입니다. 좋은 책을 기획한 많은 선생님과 보이지 않는 곳에서 헌신하는 모든 분들에게 감사드립니다. 발달장애인의 다름이 틀림으로 받아들여지지 않는, 그런 세상을 꿈꾸어 봅니다.

임신화 | 꿈고래놀이터 대표

2014년 6월 29일, 4살배기 아들 지민이와 함께 우리사랑부를 만났습니다. 저는 예배 가운데 하나님의 위로와 은혜로 회복되어 갔습니다. 그런데 갑자기 두려움이 생겼습니다. "나는 하나님의 구원의 감격을 누리는데, 그럼 우리 아들은? 지민이는 예수님을 구주로 믿어 구원에 이를 수 있을까?" 첫 만남부터 지금까지 1년, 2년이 쌓여 어느새 6년째입니다. 예배와 말씀체험을 이어가며 지민이 마음에 말씀의 길이 생겼습니다. 이제는 차곡차곡 다져진 길 위에 예수님 흔적이 새겨졌습니다. 하나님은 아픔과 근심 한가운데로 발돋움해서 우리에게 오십니다. 우리를 누구보다 잘 아시기에 예배 가운데 만나 주십니다. 아픔이 천천히 기쁨으로 변해갑니다. 여전히 힘들 때가 있지만, 오늘도 한 걸음씩 말씀을 따라 걷습니다. 저와 같은 부모에게, 지민이와 같은 자녀에게, 우리사랑부와 같은 이들에게 이 책을 소개합니다. 말씀의 길을 걷는 행복, 같이 누리면 더 좋으니까요.

정경화 | 분당우리교회 우리사랑부 가족

우리 딸 유정이는 다운증후군입니다. 우리사랑부에 유정이를 보낸 지 5년째입니다. 매주 교회에 오면 우리사랑부실로 달려갑니다. 딸 아이 뒷모습은 늘 행복했습니다. 어느 날은 험한 골짜기 체험이 무서웠다며 울었습니다. 어느 날은 십계명 돌판을 만들어 와서 책상 위에 세웠습니다. 지금 유정이 방에는 말씀체험 결과물이 여기저기 전시되어 있습니다. 아무나 손댈 수 없습니다. 성경 지식 또한 나날이 늘었습니다. 대화 중에 어떤 인물 이야기가 나오면 부족한 언변이지만 곧잘 설명합니다. "내 아이는 예수님의 십자가와 부활을 믿어 구원을 받을 수 있을까?" 걱정하던 때가 있었습니다. 하지만 말씀을 즐거이 누리는 아이를 보며 하나님의 사랑을 알아갑니다. 아이에 대한 구원의 확신도 갖게 되었습니다. 유정이가 사랑만 받는 게 아니라, 하나님과 이웃을 사랑할 수 있어서 기쁩니다. 우리 아이들에게 말씀을 체험으로 배우게 하는 우리사랑부, 참 고맙고 든든합니다. 이런 기회가 많은 친구에게 나누어지길 바랍니다.

장원선 | 분당우리교회 우리사랑부 가족

프롤로그

> "너희는 우리로 말미암아 나타난 그리스도의 편지니
> 이는 먹으로 쓴 것이 아니요
> 오직 살아 계신 하나님의 영으로 쓴 것이며
> 또 돌판에 쓴 것이 아니요 오직 육의 마음판에 쓴 것이라(고후3:3)"

펴낸이 조병성 한국밀알선교단 단장

한국밀알선교단은 2017년에 '모두가 함께하는 예배운동(Worship Together Movement)'을 시작했습니다. 장애인과 비장애인이 하나님의 가족이자 서로의 형제로 함께하며, 마음 다해 하나님을 예배하는 운동입니다. 하나님의 형상 안에서 장애를 이해하고 있는 그대로 자신과 타인을 사랑하며, 하나님 나라의 샬롬을 더불어 누리고 나눕니다.

2018년 봄에 '모두가 함께하는 예배운동' 일환으로 '발달장애인 신앙교육 프로젝트'를 시작했습니다. 이 프로젝트는 발달장애인과 함께하는 장애인선교현장과 교회 장애인부서를 응원하는 연합과 섬김입니다. 프로젝트를 시작한지 1년이 되었습니다. 2019년 봄에 첫 번째 열매가 맺혔습니다. 분당우리교회 우리사랑부 말씀체험 이야기를 담은 책, 「말씀 따라 걸어가자」입니다. 이 책은 하나님의 말씀과 발달장애인을 잇는 징검다리이자, 연합과 섬김의 열매

입니다. 소중한 기회를 주신 하나님께 감사드립니다. 우리 모두는 그리스도의 편지로 보냄을 받았습니다. 살아 계신 하나님의 영이 우리 마음 판에 사랑을 새겼습니다. 「말씀 따라 걸어가자」에는 하나님의 생생한 이야기가 담겨있습니다. 이 책이 고린도후서 3장 3절처럼 하나님 나라의 샬롬을 전하는 편지이길, 우리 마음에 사랑을 새기는 도구이길 원합니다.

책이 나오도록 후원한 밀알복지재단, 남서울은혜교회 함께하는 앙상블, 분당우리교회 우리사랑부, 수원화산교회 사랑부, 서문교회 사랑부, 선한목자교회 선한사랑부, 향상교회 사랑부, 태국 큰빛복지선교센터에게 감사드립니다. 아낌 없이 주는 나무처럼 소중한 자료를 정리하고 공개한 분당우리교회 우리사랑부에게 감사드립니다. '모두가 함께하는 예배운동'과 '발달장애인 신앙교육 프로젝트'는 계속 이어질 것입니다. 하나님 나라의 샬롬이 다 이루어지는 그날까지.

> "말씀이 육신이 되어 우리 가운데 거하시매
> 우리가 그의 영광을 보니 아버지의 독생자의 영광이요
> 은혜와 진리가 충만하더라(요1:14)"

지은이
김민수
분당우리교회
우리사랑부 담당목사

처음부터 그랬습니다. 하나님과 함께한 말씀이 만물을 창조했습니다. 창조의 생명은 사랑으로 빛납니다. 세상이 욕심으로 어두워졌지만, 하나님은 생명과 사랑으로 어둠을 밝힙니다. 하나님은 말씀으로 창조를 시작했고, 희망을 드러냈고, 언약을 맺었고, 언약백성을 인도했습니다. 말씀이 육신이 되어 우리 가운데 살았습니다. 우리는 그의 영광을 보았습니다. 그는, 하나님과 함께한 말씀은 예수 그리스도입니다. 예수는 '여호와의 구원'을, 그리스도는 '(여호와의 구원을 위해) 기름 부음 받은 자'를 의미합니다.

처음부터 그랬습니다. 육신이 되어 우리 가운데 사는 말씀(예수 그리스도)을 체험하고 싶었습니다. 체험은 단편적인 앎으로 이루어지지 않습니다. 알고 싶은 바를 눈으로 보고, 귀로 듣고, 코로 맡고, 혀로 맛보고, 손으로 만져야 합니다. 몸과 마음으로 겪어야 조금씩, 천천히 알아 가게 됩니다. 모든 성경은 하나님의 감동으로 되었습니다. 교훈과 책망과 바르게 함과 의로 교육하기에 유익합니다. 하나님의 사람으로 온전하게 합니다. 모든 선한 일을 행할 능력을 갖추게 합니다(딤후3:16-17).

처음부터 그랬습니다. 다른 바람은 없었습니다. 발달장애를 가진 유아, 어린이, 청소년, 청장년이 몸과 마음으로 말씀을 체험하길 바랐습니다. 5만 개 넘는 한국교회 중에 장애인부서가 있는 교회는 350여 개입니다. 상황은 다르지만, 비슷한 점은 하나 있습니다. 예배 후 활동 시간(보편적으로 공과교육)을 아쉬워합니다. 공과교재로 시작하지만 간단히 교육하고, 간식 먹고 마무리합니다. 다양한 장애유형과 폭넓은 생애주기를 지닌 이들과 함께 '공과'를 진행하는 것은 쉽지 않습니다.

처음부터 그랬습니다. 장애 정도가 심한 경우 공과교재가 전혀 맞지 않았습니다. 경증이라고 해도 '인지 중심'으로 진행하는 교육은 쉽지 않았습니다. 다양한 장애유형과 폭넓은 생애주기를 지닌 이들이 모였을지라도 비슷한 활동을 하길 바랐습니다. 무엇을 하더라도 하나님의 말씀 안에서 나누길 원했습니다. 발달장애를 가진 이들도 우리 가운데 사는 말씀(예수 그리스도)을 체험하길 희망했습니다. '처음에 하나님(창1:1)'부터 '아멘 마라나타(계22:20-21)까지', 길에게 길을 물으며 걷고 싶었습니다.

처음부터 그랬습니다. 예배 때 나눈 말씀을 직관적으로 체험하고 싶었습니다. 성경 본문을 공과교재로 선택했습니다. 출판물로 된 공과교재를 사용하지 않자, 활동의 폭이 넓어졌습니다. 하나님의 감동이 담긴 모든 성경(모세오경, 역사서, 예언서, 시가서, 복음서, 서신서)이 "우리와 함께하자"며 손 내밀었습니다. 성경은 하나님과 같이 걸으며 나누는 이야기입니다. 매주일 성경 본문으로 예배와 말씀나눔(설교), 그리고 말씀체험을 진행합니다.

처음부터 그랬습니다. 중국 현대문학 아버지이자 사상가 루쉰(1881-1936) 이야기처럼 희망이란 있다고도, 없다고도 할 수 없습니다. 그것은 마치 땅 위의 길과 같습니다. 본래 땅에는 길이 없었습니다. 걸어가는 사람이 많아지면 길이 됩니다. 처음에는 막연했습니다. 바람과 현실이 사뭇 달랐습니다. 활동을 만드는 데 한계가 있었습니다. 시행착오를 겪었습니다. 지금도, 앞으로도 어려움이 있을 겁니다. 그래도 말씀체험이라는 희망의 길을 걷고 싶습니다. 지금까지 그랬던 것처럼.

처음부터 그랬습니다. 한해 처음 예배는 '처음에 하나님이(창1:1)'로, 마지막 예배는 '아멘 마라나타(계22:20-21)'로 드렸습니다. 1년 52주 중심 주제는 '하나님 나라의 샬롬'입니다. 매해 말씀과 주제와 활동에 변화를 줍니다. 말씀체험을 똑같이 진행하지 않습니다. 작년 활동을 토대로 논의합니다. 더 넓어지길 바라며, 깊이를 더합니다. 발달장애인 신앙교육에 가장 중요한 건 '지루하지 않게, 다양하게 반복하기'입니다. 성경 이야기에는 수많은 사람과 사건이 등장합니다.

처음부터 그랬습니다. 분당우리교회 우리사랑부 덕분에 말씀체험을 바랐고, 시작할 수 있었습니다. 시작을 만나지 못하는 바람이 많은데, 참 다행입니다. 2014년에 고마운 이들과 우리사랑부를 신설했습니다. 하나님 나라의 샬롬이 가득한 물댄 동산이길 바라며, 조금씩 일구었습니다. 기존 공과교육과 다른, 조금은 낯선 말씀체험을 진행했습니다. 처음 12명으로 시작한 우리사랑부가 현재 우리사랑학생부 47명(4-18세), 우리사랑청년부 45명(19-54세)과 함께합니다.

처음부터 그랬습니다. 우리사랑부 말씀체험은 우리만의 활동이 아니라고 생각했기 때문에 2014년부터 이어온 말씀체험 이야기를 소개하고자 글과 사진을 모두 최대한 상세하고 구체적으로 담았습니다. 예배 때 나눈 말씀을 예배 중이나 후에 바로 적용, 체험하도록 구성했습니다. 말씀체험 이야기를 활용한다면, 별도의 공과교재 없이도 성경 이야기만으로 예배(찬양, 기도, 설교 등)와 말씀체험을 진행할 수 있습니다. 공과교재 구입비를 말씀체험 진행비로 전환하면 됩니다.

처음부터 그랬습니다. 발달장애인을 위한 신앙교육 자료가 부족했습니다. 장애인부서가 늘어나고 있기에, 다양한 연구개발과 교재발간이 필요합니다. 한국밀알선교단과 분당우리교회 우리사랑부가 말씀체험 이야기를 기획했습니다. 연구개발과 출판비는 밀알복지재단, 남서울은혜교회 함께하는 앙상블, 분당우리교회 우리사랑부, 수원화산교회 사랑부, 서문교회 사랑부, 선한목자교회 선한사랑부, 향상교회 사랑부, 태국 큰빛복지선교센터에서 지원했습니다.

처음부터 그랬습니다. 그저 고마웠습니다. 말씀체험 이야기의 출간을 제안한 한국밀알선교단에게 참 고맙습니다. 매주 말씀체험을 기획하고 진행하는 분당우리교회 우리사랑부 말씀체험팀이 고맙습니다. 몸과 마음 다해 참여하는 우리사랑부 장애학생과 교사, 장애청년과 멘토가 고맙습니다. 말씀체험을 더 생각하도록 도운 서명지 님과 최승미 님이 고맙습니다. 보기에 활용하기에 좋도록 디자인 한 이지연 님과 교정하느라 애쓴 김미선 님, 김정은 님이 고맙습니다. 말씀체험 이야기 출간을 응원하고 지원한 기관과 교회와 사람이 고맙습니다. 한국교회 어딘가에서 말씀 따라 걸어가는 장애인부서가 고맙습니다.

처음부터 그랬습니다. 장애인부서 주일예배와 말씀체험이 정호승 시인의 봄길 같길 원했습니다. 부서마다 함께하는 시간을 소중히 준비하고 기억하길 기대합니다. 말씀체험 이야기가 예배와 예배 후 활동을 이어가는 데 작은 이정표이자 삶과 신앙의 마중물이 되길 바랍니다. 함께 애쓰는 이들에게 조그마한 디딤돌이길 원합니다. 길이 끝나는 곳에서 스스로 봄길이 되어 한없이 걷는 이들, 장애인부서에 가득하길 희망합니다.

봄길

_ 정호승

길이 끝나는 곳에서도
길이 있다
길이 끝나는 곳에서도
길이 되는 사람이 있다
스스로 봄길이 되어
끝없이 걸어가는 사람이 있다
강물은 흐르다 멈추고
새들은 날아가 돌아오지 않고
하늘과 땅 사이의 모든 꽃잎은 흩어져도
보라
사랑이 끝난 곳에서도
사랑으로 남아 있는 사람이 있다
스스로 사랑이 되어
한없이 봄길을 걸어가는 사람이 있다

순서보기

추천의 글 — **4p**

프롤로그 — **12p**

---

1 다시 처음에 하나님이 — **32p**

   창세기 1장 1-5절
   창세기 1장 31절
   이사야 45장 18-19절

2 우리의 형상으로 사람을 만들자 — **38p**

   창세기 1장 26-28절
   창세기 2장 7-8절

3 아담아 어디에 있느냐 — **44p**

   창세기 3장 1-10절

4 무지개가 나타나면 우리사랑 기억하자 — **50p**

   창세기 9장 11-17절

5 결국 욕심의 탑을 쌓는구나 — **58p**

   창세기 11장 1-9절

말씀 따라 걸어가자 — **22p**

특징보기 — **24p**

참고하기 — **25p**

미리보기 — **26p**

한 눈에 보기 — **28p**

6 말씀 따라 걸어가자 — **64p**
  창세기 12장 1-5절

7 별이 빛나는 밤에 다시 시작하자 — **70p**
  창세기 15장 1-7절

8 노인이 된 야곱아! 야곱아! — **78p**
  창세기 46장 1-6절

9 여호와, 나는 스스로 너와 함께 있다 — **84p**
  출애굽기 3장 2-4절
  출애굽기 3장 13-15절

10 홍해에서 구원을 노래하자 — **90p**
  출애굽기 15장 1-5절
  시편 136편 10-16절

11 여호와 하나님과 열 가지 약속을 맺자 — **98p**
  출애굽기 20장 1-3절
  출애굽기 20장 18-20절

12 우리의 죄악, 멀리 떠나 보내자 — **104p**
  레위기 16장 6-10절
  레위기 16장 21-22절

13 여호와의 복과 얼굴과 평강을 전하자 — **110p**
  민수기 6장 22-27절

14 약속 따라 같이 걷고 같이 쉬자 — **116p**
  민수기 10장 11-13절
  민수기 10장 33-36절

15 들어라 나의 이스라엘아 — **122p**
  신명기 6장 1-9절

16 우리 발이 닿는 곳마다 샬롬 — **128p**

여호수아 1장 1-9절

17 오늘 오직 우리 집은 여호와만 — **136p**

여호수아 24장 14-22절

18 여호와 샬롬으로 제단 쌓자 — **142p**

사사기 6장 12-14절
사사기 6장 22-26절

19 아둘람 동굴에 생명나무를 심자 — **150p**

사무엘상 22장 1-2절

20 기도하기를 쉬지 말자 — **158p**

사무엘상 12장 19-25절

21 여호와는 나의 목자 — **164p**

시편 23편 1-6절

22 이슬 같은 우리사랑, 흘러라 — **174p**

시편 133편 1-3절

23 듣는 마음 잊지 말자 — **182p**

열왕기상 3장 4-10절

24 로뎀나무 아래에서 먹고 쉬자 — **190p**

열왕기상 19장 1-8절

25 마음 찢고 마음 잇자 — **196p**

요엘 2장 12-18절

에필로그 — **244p**

---

26 그루터기에 싹을 낸다 — **204p**
    이사야 6장 11-13절
    이사야 11장 6-10절

27 여호와 하나님의 손바닥에 새긴 이름 — **212p**
    이사야 49장 13-18절

28 여호와 하나님 손에 있는 아름다운 왕관 — **220p**
    이사야 62장 1-7절

29 정직하게 사랑하며 같이 걷자 — **226p**
    미가 6장 1-8절

30 구원은 여호와에게 있다 — **234p**
    요나 2장 1-10절

말씀 따라 걸어가자

"하나님의 말씀을 몸과 마음으로 체험하고 알아가고 살아가면 얼마나 행복할까요?"

'분당우리교회 우리사랑부 말씀체험 이야기'는 이 질문에서 시작되었습니다. 장애를 가진 이들과 하나님의 말씀 안에서 조금 더 행복하고 싶었습니다. 매주 이야기를 이어가다보니 어느새 길이 만들어졌습니다. 우리사랑부는 그 길을 '말씀체험 이야기'라고 부릅니다. 창세기부터 요한계시록까지 굽이굽이 이어진 하나님의 마음을 따라 걷고, 또 걷습니다.

한국에 있는 5만 여 교회 중에 350여 교회에 장애인부서가 있습니다. 다양한 장애유형과 폭넓은 생애주기가 공존하기 때문에, 예배 분위기와 교육 내용을 일관성 있게 지키기 어렵습니다. 그래도 말씀 안에서 바르게 예배 드리고, 말씀을 따라 바르게 살고자 애씁니다. 삶과 신앙의 이정표는 언제나 말씀입니다.

모든 성경은 하나님의 감동으로 쓰여졌습니다. 우리를 교훈하고 책망하고 바르게 하고 의로 교육하기에 유익합니다. 하나님의 사람으로 살게 하고, 하나님의 선을 행하게 하는 능력이 있습니다(딤후 3:15-16). 그리스도 예수 안에 있는 지혜로 말미암아 하나님의 구원을 누리게 합니다(딤후3:14).

2019년 4월의 봄날, 분당우리교회 우리사랑부가 봄길 같은 책, 「말씀 따라 걸어가자」를 지었습니다. 2014년부터 이어온 '말씀체험 이야기'를 정성껏 모으고 다듬었습니다. 알뜰살뜰하게 살폈습니다. '처음에 하나님이(창1:1)'부터 '아멘 마라나타(계22:20-21)'까지 장애를 가진 이들과 함께 걸은 길입니다.

「말씀 따라 걸어가자」에는 말씀을 '직접' 체험한 행복과 보람이 가득합니다. 어렵거나 대단하거나 준비를 많이 해야 하는 활동이 아닙니다. 하나님의 말씀을 오감으로 체험하고 알아가고 살아가고 싶은 바람이면 충분합니다. 이야기를 모아 길을 만든 우리사랑부 한 사람 한 사람이 지은이입니다.

「말씀 따라 걸어가자」에는 말씀을 '직접' 체험한 글과 사진이 가득합니다. 시행착오와 우여곡절의 흔적도 고스란히 담았습니다. 딱딱한 워크북이 아닙니다. 말씀의 결이 만져지는 생생한 이야기입니다. 장애를 가진 이들뿐만 아니라 누구든 언제든 어디서든 말씀을 체험하는 데 활용할 수 있습니다.

　일주일을 분으로 환산하면 1만 80분입니다. 부서에서 주일마다 함께하는 시간은 길어야 80분입니다. 무척 짧은 시간이지만, 일주일 중에서 가장 중요합니다. 하나님의 희망을 긷는 마중물이자, 하나님의 말씀을 체험하고 알아가고 살아가는 이정표입니다. 일주일은 주일예배를 드리는 순간에 시작합니다. 그래서 행복해야 합니다.

　우리(모든 장애인부서)는 장애인부서의 주일이 말씀 안에서 조금 더 행복해지길 바랍니다. 마주하는 현실이 막힌 벽처럼 답답하고 막막할 때가 있습니다. 아니, 많습니다. 장애인부서가 담쟁이 같기를 바랍니다. 말없이, 서두르지 않고, 한 뼘이라도 꼭 여럿이 손을 잡고, 말씀 따라 걸어가면 좋겠습니다. 담쟁이 잎 하나가 잎 수천 개를 이끌고 벽을 넘듯.

　이심전심(以心傳心)의 바람으로 수많은 담쟁이에게 「말씀 따라 걸어가자」를 전합니다.

담쟁이

_도종환

저것은 벽
어쩔수 없는 벽이라고 우리가 느낄
그때
담쟁이는 말없이 그 벽을 오른다

물 한 방울 없고
씨앗 한 톨 살아남을 수 없는
저것은 절망의 벽이라고 말할 때
담쟁이는
서두르지 않고 앞으로 나아간다

한 뼘이라도 꼭 여럿이 함께
손을 잡고 올라간다
푸르게 절망을 다 덮을 때까지
바로 그 절망을 놓지 않는다

저것은 넘을 수 없는 벽이라고
고개를 떨구고 있을 때
담쟁이 잎 하나는
담쟁이 잎 수천 개를 이끌고
결국 그 벽을 넘는다

특징보기

1. 하나님의 말씀을 몸과 마음으로 체험하고 알아가고 살아가는 행복을 누리고 나눔

2. 장애인부서(분당우리교회 우리사랑학생부, 우리사랑청년부)에서 직접 진행한 말씀체험 수록

3. 장애를 가진 유아, 어린이, 청소년, 청년, 장년 및 교사가 직접 참여한 생생한 글과 사진 수록

4. 다양한 장애유형과 폭넓은 생애주기를 고려했기에 누구든 언제든 어디서든 활용 가능

5. 창세기부터 요한계시록까지 60가지 성경 이야기와 80가지 말씀체험 수록(총 2권)

6. 어느 장애인부서에서 손쉽게 준비하고 활용하도록 상세하고 구체적인 글과 사진 수록

7. 발달장애인과 함께하는 다양한 현장(교회, 학교, 기관, 가정 등)에서 활용 가능

8. 장애인부서뿐만 아니라 일반 주일학교도 예배와 예배 후 활동에 활용 가능

9. 과마다 주제, 성경 본문, 성경 배경, 말씀체험 진행, 더 생각하기, 어울리는 찬양, 말씀체험 사진 수록

10. 주일예배 전체(찬양, 설교, 기도, 말씀체험)를 하나의 성경 이야기로 디자인히도록 폭넓은 내용 수록

11. 인지 중심의 공과교육을 벗어나 오감으로 말씀을 체험하도록 다양하게(예체능 중심) 구성

12. 교사가 주도하는 공과교육을 벗어나 다 같이 능동적이고 직관적으로 참여하는 말씀체험 수록

13. 주제와 활동에 따라 다양한 형태(일대일, 소그룹, 중그룹, 대그룹)로 진행하는 말씀체험 수록

14. 별도 공과교재 없이 창세기부터 요한계시록까지 성경 이야기만으로 다양한 말씀체험 진행

15. 한국밀알선교단(장애인선교단체)과 분당우리교회 우리사랑부(장애인부서)가 현장 중심으로 기획

참고하기

1. 말씀체험에 의미와 흥미, 재미가 있도록 준비하고 진행한다.

2. 발달장애인 개인마다 정서행동 특성이 다르기 때문에 미리 파악한다.

3. 사회성이 부족하거나 생각 주머니가 작기 때문에 쉬운 말로 이야기한다.

4. 말씀체험은 예체능 중심으로 진행하기 때문에 그림과 이미지를 활용한다.

5. 할 수 있는 활동은 포기하지 않고, 할 수 없는 활동은 무리하게 진행하지 않는다.

6. 조금 느리더라도 스스로 말씀체험에 참여하도록 기다리며 응원한다.

7. 하나님의 말씀과 마음을 누리고 나누도록 기도하며 진행한다.

8. 말씀체험을 함께하기 어려울 만큼 부적응행동이 심하면 쉬게 한다.

9. 칭찬할 때는 최대한 큰 동작과 소리와 표정으로 응원하고 격려한다.

10. 말씀체험은 짧고 쉽고 구체적이고 일상적인 단어와 문장으로 표현한다.

11. 말씀 한 단어와 표현이라도 능동적으로 이해하고 참여하게 한다.

12. 창세기부터 요한계시록까지 함께 걸어가듯 말씀체험을 진행한다.

13. 가정과 연계할 수 있도록 말씀체험 내용(글과 사진)을 공유한다.

미리보기

주제
- 성경본문과 말씀체험을 짧고 선명하게 표현한 핵심 주제
- '하나님의 마음'이 담겨있음을 말씀체험을 진행하며 반복해서 강조
- 제목을 연결하면 창세기부터 요한계시록까지 '하나님의 마음'이 이어짐

성경 본문
- 몸과 마음으로 체험하려는 하나님의 말씀(창세기부터 요한계시록까지)
- 하나님과 함께 성경의 길을 걷고자 역사순으로 성경 이야기를 재배치
- 모세오경, 역사서, 예언서, 시가서, 복음서, 서신서 등 빠짐 없이 수록

성경 배경
- 말씀체험이 이루어지는 성경 본문을 자세히 설명하는 이야기
- 장애인부서 담당교역자는 설교에, 담당교사는 신앙교육에 활용 가능
- 하나님의 마음으로 예배드리고 말씀체험하도록 이야기가 계속 이어짐

말씀체험

- 말씀체험을 준비하고 진행하도록 단계적이고 구체적으로 설명
- 장애인부서에서 직접 진행한 말씀체험을 상세한 글과 사진으로 표현
- 누구든 언제든 어디서든 활용해서 진행하도록 최대한 자세하게 표현

더 생각하기

- 현직 특수교사가 현장에서 진행한 수업을 토대로 전하는 이야기
- 준비물, 진행, 활용 방안에 대한 여러 가지 예를 쉽고 구체적인 표현으로 안내
- 다양한 특성을 가진 장애친구들이 더 많은 부분을 함께할 수 있도록 지도 방법 제시

말씀체험 사진

- 매 과마다 말씀체험 진행 사진 수록
- 발달장애학생과 청년이 직접 참여한 생생한 장면 수록
- 말씀체험 과정을 이해하고 진행하도록 구체적인 사진 수록

어울리는 찬양

- 성경 본문, 배경, 말씀체험에 어울리는 찬양 선곡
- 쉽게 찾을 수 있도록 찬양 제목과 가수를 함께 안내
- 어린이 찬양, 복음성가, 찬송가 등 다양한 장르 소개

한 눈에 보기

다시 처음에
하나님이
·32p

우리의 형상으로
사람을 만들자
·38p

아담아
어디에 있느냐
·44p

무지개가 나타나면
우리사랑 기억하자
·50p

결국 욕심의 탑을
쌓는구나
·58p

말씀 따라 걸어가자
·64p

별이 빛나는 밤에
다시 시작하자
·70p

노인이 된
야곱아! 야곱아!
·78p

여호와, 나는 스스로
너와 함께 있다
·84p

홍해에서
구원을 노래하자
·90p

여호와 하나님과
열 가지 약속을 맺자
·98p

우리의 죄악,
멀리 떠나보내자
· 104p

여호와의 복과 얼굴과
평강을 전하자
· 110p

약속 따라
같이 걷고 같이 쉬자
· 116p

들어라
나의 이스라엘아
· 122p

우리 발이
닿는 곳마다 샬롬
· 128p

오늘 오직 우리 집은
여호와만
· 136p

여호와 샬롬으로
제단 쌓자
· 142p

아둘람 동굴에
생명나무를 심자
· 150p

기도하기를
쉬지 말자
· 158p

여호와는
나의 목자
· 164p

이슬 같은 우리사랑,
흘러라
· 174p

듣는 마음
잊지 말자
· 182p

로뎀나무 아래에서
먹고 쉬자
· 190p

마음 찢고
마음 잇자
· 196p

그루터기에
싹을 낸다
· 204p

여호와 하나님의
손바닥에 새긴 이름
· 212p

여호와 하나님 손에 있는
아름다운 왕관
· 220p

정직하게 사랑하며
같이 걷자
· 226p

구원은
여호와에게 있다
· 234p

보라 얼마나 좋은가
형제들이 더불어 사는것
아론머리에 부은 좋은 기름이
수염과 옷에 흐르고
헐몬이슬이 시온산에
내림같도다 참으로
거기에 여호와께서 복을
명하셨으니

영원한 생명이라

시편 133

말씀체험

1

다시 처음에 하나님이

성경은 언약백성을 향한 여호와 하나님의 언약이자 이야기입니다. 성경을 시작하는 단어는 '처음에(태초에, 창1:1)'이고, 마무리하는 단어는 '아멘(계22:21)'입니다. 여호와 하나님은 굽이굽이 이어진 '처음과 아멘' 사이를 창조주의 희망으로 걸어갑니다. 힘날 때나 힘들 때나 기억하며 포기할 수 없는 처음과 마지막 바람은 '우리사랑과 더불어 샬롬'입니다. 마음과 뜻과 힘을 다해 하나님을 예배하고, 말씀을 체험합니다.

창세기 1장 1-5절

1. 태초에 하나님이 천지를 창조하시니라
2. 땅이 혼돈하고 공허하며 흑암이 깊음 위에 있고 하나님의 영은 수면 위에 운행하시니라
3. 하나님이 이르시되 빛이 있으라 하시니 빛이 있었고
4. 빛이 하나님이 보시기에 좋았더라 하나님이 빛과 어둠을 나누사
5. 하나님이 빛을 낮이라 부르시고 어둠을 밤이라 부르시니라 저녁이 되고 아침이 되니 이는 첫째 날이니라

창세기 1장 31절

31. 하나님이 지으신 그 모든 것을 보시니 보시기에 심히 좋았더라 저녁이 되고 아침이 되니 이는 여섯째 날이니라

이사야 45장 18-19절

18. 대저 여호와께서 이같이 말씀하시되 하늘을 창조하신 이 그는 하나님이시니 그가 땅을 지으시고 그것을 만드셨으며 그것을 견고하게 하시되 혼돈하게 창조하지 아니하시고 사람이 거주하게 그것을 지으셨으니 나는 여호와라 나 외에 다른 이가 없느니라
19. 나는 감추어진 곳과 캄캄한 땅에서 말하지 아니하였으며 야곱 자손에게 너희가 나를 혼돈 중에서 찾으라고 이르지 아니하였노라 나 여호와는 의를 말하고 정직한 것을 알리느니라

성경은 여호와 하나님의 언약의 이야기이며 언약백성의 이정표입니다. 성경은 능히 그리스도 예수 안에 있는 지혜로 말미암아 구원을 얻게 합니다(구원이 무엇인지, 구원의 삶이 어떠해야 하는지 알려줍니다, 딤후3:15). 모든 성경에는 여호와 하나님의 감동과 호흡이 담겨 있습니다. 교훈과 책망과 바르게 함과 의로 교육하기에 유익하므로 그분의 사람을 온전하게 하고, 그분의 선한 일을 행하게 합니다(딤후3:16).

작가는 작품의 처음 문장을 무척 소중히 여기며 마지막까지 고심합니다. 여호와 하나님도 마찬가지입니다. 그분은 자신의 이야기를 시작하며, 처음 단어로 '처음에(태초에, 창1:1)'를 선택합니다. 그분이 가장 먼저 창조한 건 빛이나 물질, 공간이 아닌 '처음이라는 시간'입니다. 그분은 영원한 존재이기에, 시간과 공간이 필요하지도 제한받지도 않습니다.

처음이라는 시간을 만든 이유는 '이제부터 창조할 공간(하늘과 땅과 바다와 해와 달과 별 등)과 여러 존재(동식물과 사람)와 우리사랑과 더불어 샬롬으로 함께하기 위함'입니다. 여호와 하나님이 자신이 창조한 시간과 공간 안에서 우리와 함께하겠다는 것입니다. 참으로 가슴 벅찬,

아름답고 경이로운 시작입니다. 창세기 1장은 물질의 창조를 나열한 것이 아닌 피조세상과 생명을 향한 창조주의 애정과 진심, 그리고 열심을 이야기합니다. 1장에서 반복해서 나오는 표현은 "하나님이 말했다, 그대로 되었다, 보기에 좋았다, 저녁이 되고 아침이 되었다, 몇째 날이었다"입니다.

우리가 자주 나누는 샬롬은 '창조주가 보기에 참으로 좋은 상태(질서)'를 뜻합니다. 그분은 저녁과 아침이 계속 이어지듯, 샬롬도 그러하길 바랐습니다. 처음에, 죄가 시작되기 전에, 창조주가 보기에 참으로 좋았던 날들입니다. 창조주의 사무친 그리움입니다. 그래서 우리는 지금 여기에서 샬롬을 회복하고자 애씁니다.

여호와 하나님은 자신(우리)의 형상과 모양대로 사람을 만듭니다(창1:26). 그분을 똑 닮은 사람이 피조세상과 생명과 사이좋게 지내길 원합니다. 하나님의 형상이란 물질이 아닌 관계를, 우리사랑을 의미합니다. 우리 안에는 사람만 있는 것이 아니라 창조주가 창조한 모든 피조세상과 생명이 담겨 있습니다. 처음이라는 시간과 공간에도 혼돈과 공허와 흑암이 공존합니다. 그러나 그분의 영이 그 위에 운행했고, "빛이 있으라"하니 빛이 비추었습니다(창1:3). 창조주 하나님은 사람이 더불어 살기에 좋도록 하늘과 땅을 만들었습니다(사45:18). 지금 세상이 인간의 욕심으로 어두워졌지만, 다시 돌아갈 처음과 다시 비출 빛이 있습니다. 그분의 포기할 수 없는 희망, '우리사랑과 더불어 샬롬'입니다.

처음에 하나님이 가졌던 바람으로 한해를 다시 시작하는 이들에게 신영복의 "처음처럼"을 전합니다. 가슴 설레고, 가슴 뜨겁고, 가슴 아리는 주일예배와 말씀체험이 이어지길 희망합니다.

처음처럼

_ 신영복

처음으로 하늘을 만나는 어린 새처럼
처음으로 땅을 밟는 새싹처럼
우리는 하루가 저무는 추운 겨울 저녁에도 마치 아침처럼
새봄처럼, 처음처럼 언제나 새날을 시작하고 있습니다
산다는 것은 수많은 처음을 만들어가는 끊임없는 시작입니다

다시 처음에 하나님이

말씀체험

{ 처음에 창조주 하나님이 창조를 시작하기 전에 가졌던 희망(우리 사랑과 더불어 샬롬)을 생각합니다. 한 해를 시작하며 일대일 짝꿍과 함께 사진을 찍습니다. 서로 응원하고 격려하는 말씀체험입니다.

미리 준비하기

1. 조별로 나눠줄 우드락을 준비한다. 사진 찍는 틀이 되도록 우드락 가운데를 자른다.

　· 틀 안에 두 사람 얼굴이 들어가야 한다.
　· 틀을 꾸며야 하므로 우드락 폭을 넓게 준비한다.

진행하기

2. 조별로 우드락 사진틀을 나눠준다. 사진틀에 한해 부서 표어나 조별 표어를 적는다.

　★ '다시 처음에(창1:1)', '다시 처음에 하나님이(창1:1)',
　　 '처음에 우리사랑(창1:1)', '처음에 더불어 샬롬(창1:1)' 등

3. 사진틀에 조에 속한 친구와 교사 이름을 적고 응원하는 이야기를 적는다. 다양한 펜으로 색칠하고 꾸민다.

　· 스스로 이름을 적기 힘든 경우 손을 잡고 그리듯 쓴다.
　· 그림을 그리거나 스탬프, 꾸밈용 스티커를 활용하여 재미있는 사진틀을 만든다.

　★ 발달장애 특성 상 같이 사진을 찍기가 쉽지 않다.
　　 사진틀이 있으면 조금 수월하게, 자연스럽게 찍을 수 있다.

| 준비물 | 우드락(A2)
네임펜 / 매직
스티커
칼
우드락 커터기 | 더 생각하기 | 글씨 쓰기가 어려운 친구를 위해 부서 표어, 말씀 등을 미리 출력하거나 다른 종이에 쓴 글씨를 준비합니다. 글씨를 쓰는 대신 사진틀에 붙이며 참여합니다. 색연필이나 매직 등 필기구를 쥐기 어려운 친구는 필기구 보조도구를 사용합니다. 보조도구를 구입하기 어렵다면 클레이나 지점토를 활용합니다. 친구의 손에서 흘러내리지 않게 필기구에 부착해서 잡을 수 있게 합니다. 조금 더 쉽게 글씨를 쓸 수 있습니다. |

4 함께 사진틀 안에 들어가 사진을 찍는다.

- 사진을 찍을 때 외칠 수 있는 구호나 표어를 만든다.
  예를 들면, 사진 찍는 교사가 "처음에"라고 하면, 사진틀에 들어간 이들이 "하나님이"를 외친다. "다시"라고 하면, "우리사랑"을 외친다. 부서 상황에 따라 자유롭게 표현한다.

✱ 여러 장을 찍어야 한 장을 얻을 수 있기에, 짧은 시간 동안 많이 찍는다(연사 활용).

5 예배실 한쪽에 사진판을 만든다. 주일에 찍은 사진을 인화해서 보기 좋게 붙인다.

- 다음 주일에 친구와 교사가 자신의 사진을 찾아본다.
- 사진을 보면서 함께할 한해를 기대한다.

✱ 말씀체험에서 중요한 건 꼬리에 꼬리를 물 듯 이야기를 잇는 것이다. '처음에(창1:1)'부터 '아멘(계22:21)'까지 여호와 하나님의 희망을 이어가면 좋겠다.

어울리는 찬양 ♪♬ | 태초에 하나님이 _ 파이디온 선교회

2

우리의 형상으로 사람을 만들자

✒ 여호와 하나님은 그분(우리, 창1:26)의 형상과 모양(우리사랑)으로 사람을 만듭니다. 땅의 흙을 정성껏 빚고, 코에 생명의 숨을 불어 넣습니다. 그분의 형상과 모양은 물질을 의미하지 않습니다. 땅의 흙과 생명의 숨이 소중하듯, 서로를 귀히 여기는 우리사랑과 더불어 샬롬입니다. 마음과 뜻과 힘을 다해 하나님을 예배하고, 말씀을 체험합니다.

성경 본문

창세기 1장 26-28절

26. 하나님이 이르시되 우리의 형상을 따라 우리의 모양대로 우리가 사람을 만들고 그들로 바다의 물고기와 하늘의 새와 가축과 온 땅과 땅에 기는 모든 것을 다스리게 하자 하시고
27. 하나님이 자기 형상 곧 하나님의 형상대로 사람을 창조하시되 남자와 여자를 창조하시고
28. 하나님이 그들에게 복을 주시며 하나님이 그들에게 이르시되 생육하고 번성하여 땅에 충만하라, 땅을 정복하라, 바다의 물고기와 하늘의 새와 땅에 움직이는 모든 생물을 다스리라 하시니라

창세기 2장 7-8절

7. 여호와 하나님이 땅의 흙으로 사람을 지으시고 생기를 그 코에 불어넣으시니 사람이 생령이 되니라
8. 여호와 하나님이 동방의 에덴에 동산을 창설하시고 그 지으신 사람을 거기 두시니라

성경 배경

　여호와 하나님은 사랑의 본질이자 근원이며 원형입니다. 사랑하지 않는 자, 사랑하기 싫어하는 자, 사랑을 무시하는 자는 그분을 알 수 없습니다. "사랑하는 자들아 우리가 서로 사랑하자 사랑은 하나님께 속한 것이니 사랑하는 자마다 하나님으로부터 나서 하나님을 알고 사랑하지 아니하는 자는 하나님을 알지 못하나니 이는 하나님은 사랑이심이라(요일4:7-8)"

　성경에서 '우리'라는 말은 창조주 하나님이 사람을 만들 때 처음 등장합니다(창1:26). 그분 혼자만의 사랑이 아닌, 우리사랑도 존재합니다. "우리의 형상을 따라 우리의 모양대로 우리가 사람을 만들자"는 몸이나 물질이 아닌, 관계와 질서를 향합니다. 사랑 자체인 하나님이 우리사랑을 누리고 나누고자 자신의 모습과 형상대로 사람을 만든 것입니다.

　창조 이전, 이미 성부와 성자와 성령 하나님은 서로 사랑하며 공존했습니다. 그분은 우리사랑이 얼마나 아름다운지를 잘 압니다. 사람도 우리사랑을 노래하며 살길, 피조세상과 생명과 더불어 샬롬을 바라며 살길 원합니다. 그분은 사람이 살기에 안성맞춤으로 세상을 창조했습니다(사45:18). 죄와 욕심으로 타락했지만, 시작만큼은 아름다웠습니다. 시편 기자는 "주의 손가락으로 만드신 주의 하늘과 주께서 베풀어 두신 달과 별들을 내가 보오니 사람이 무엇이기에 주께서 그를 생각하시며 인자가 무엇이기에 주께서 그를 돌보시나이까(시8:3-4)"라며, "여호와 우리 주여 주의 이름이 온 땅에 어찌 그리 아름다운지요(시8:9)"라고 노래합니다.

　여호와 하나님은 땅의 흙으로 사람을 정성껏 빚었습니다. 코에 생명의 숨을 "후" 불어 넣어 살게 했습니다. 창조주 하나님이 사람에게 처음으로 한 이야기는 "후"입니다. 모든 사람은 땅의 흙과 생명의 숨으로 존재하기에, 그것으로 공존해야 합니다. 더 잘나고 못난 것이 없는, 비

숫한 이들이 동행하는 것입니다. 처음에 하나님이 창조를 시작할 때 가졌던 희망은 '우리사랑과 더불어 샬롬'입니다.

  참으로 설레는, 언제나 기억나는, 그래서 사무치게 그리운 '처음'입니다. 사람이 흙이니 흙으로 돌아가는 건 당연합니다. 죽어서 흙이 되는 것보다 더 중요한 것은 흙으로 사는 것입니다. 땅의 흙이라는 겸손, 창조주의 숨이라는 감격을 지니고, 서로 기대어 사는 것입니다. 여전한 바람으로 시인 이현주(아동문학가, 목사)의 "너는 흙이니 흙으로 살아라"를 전합니다.

너는 흙이니 흙으로 살아라

_ 이현주

너는 흙이니 흙으로 살아라
죽어서 흙 될 일 생각 말고
살아서 너는 흙으로 살아라
온갖 썩는 것 더러운 것
말없이 품 열고 받아들여
오래 견디는 참 사랑
모든 것 삭이는 세월에 묻었다가
온갖 좋은 것 살아 있는 것
여린 싹으로 토해 내어
마침내 열매 맺히도록
다시 말없이 버텨주는 흙으로
흙으로 살아라 너는 흙이니
오오, 거룩한 흙으로 살아라

말씀체험 | 우리의 형상으로 사람을 만들자

> 여호와 하나님이 흙으로 사람을 손수 지을 때를 마음껏 상상합니다. 얼마나 설레고, 얼마나 반갑고, 얼마나 즐거웠을까요. 그 코에 생명의 숨을 "후" 불어 넣을 때는 얼마나 좋았을까요. 하나님의 형상으로 나를 빚고, 생명의 숨을 "후" 불어 넣는 말씀체험입니다.

미리 준비하기

1. 우드락을 손바닥 크기로 잘라 준비한다. 찰흙으로 빚어 만든 사람을 올려 놓으려고 한다.

   ＊ 판은 아담과 하와가 살았던 에덴동산을 의미한다.

2. 우드락에 폼 클레이를 손으로 펼쳐서 붙인다.

3. 나뭇가지에 빨간 클레이로 만든 하트를 붙인 후 판에 세운다.

진행하기

4. 친구들 수에 맞게 하트 나뭇가지를 심은 판(하나님의 동산)과 찰흙을 나눠준다.

   ＊ 하나님은 그분의 동산에서 사람과 '우리사랑'을 누리고 나누길 원하셨다.

5. 찰흙으로 사람 모양을 빚는다. 먼저 몸통을 만든다. 얼굴과 팔과 다리를 만든 후 이쑤시개로 몸과 연결한다.

   · 하나님이 처음 사람, 아담을 얼마나 정성스럽게 만들었을지 이야기 나눈다. 아담을 빚듯 마음과 뜻과 힘을 다해 우리 한사람 한사람을 만들었음을 이야기한다.

   ＊ 이쑤시개가 위험할 수 있으니, 미리 끝을 뭉뚝하게 자른다.

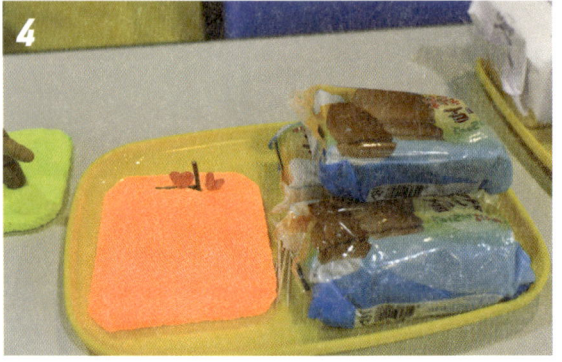

| 준비물 | 우드락 / 나무조각
다양한 색상 폼클레이(빨간색 필수)
옹기토 찰흙
(끝을 뭉뚝하게 자른) 이쑤시개
물티슈 / 칼 | 더 생각하기 | 축축하고 끈적한 찰흙을 만지기 싫어하는 친구가 있습니다. 억지로 진행하면 오랫동안 그 감각에 대한 혐오 현상이 나타납니다. 맨 손으로 찰흙을 만지기 싫어한다면 장갑을 끼는 것도 좋습니다. 그마저도 싫다면 친구의 특성을 그대로 이해하고, 찰흙이 아닌 종이인형 또는 목각인형으로 사람을 만듭니다. 다양한 재료를 준비하기 어렵다면 교사가 찰흙으로 사람을 만드는 과정을 지켜보게 합니다. 관심을 가지며 말씀을 듣는 것만으로도 좋습니다. |

6 하나님의 동산을 의미하는 판에 이쑤시개를 꽂고, 그 자리에 사람을 세운다

- '나 자신'을 의미하는 사람에게 하나님의 숨을 "후" 불어 넣는다. 그리고 "하나님의 사랑으로 살아라"고 이야기한다.
- 조에 속한 친구가 만든 사람에게도 하나님의 숨을 "후" 불어 넣는다. 그리고 "친구야, 하나님의 사랑으로 살아라"고 이야기한다.
- 하나님이 땅의 흙으로 사람을 빚고, 그 코에 생명의 숨을 불어 넣었고 그 숨 덕분에 사람이 살게 되었음도 이야기한다. 그 숨은 '우리사랑'을 누리는 하나님의 희망이다.

7 친구들이 만든 사람을 들고 한 사람씩 사진을 찍어 소중히 기억한다.

- 조별로 다같이 모여 사진을 찍거나, 만든 사람만 모아놓고 사진을 찍는다.

어울리는 찬양 ♪♬

걸작품 _ 파이디온 선교회

3

아담아
어디에 있느냐

🪶 여호와 하나님은 그날도, 오늘도 세상과 사람이 자유를 욕심대로 사용하지 않기를 바랍니다. 어둠과 사망과 거짓과 자기 사랑으로부터 빛과 생명과 진실과 우리사랑으로 돌아오길 원합니다. 죄와 욕심을 부끄러워하고, 더불어 샬롬을 바랄 때까지 우리 이름을 부릅니다. 한없이, 끝없이 기다립니다. 마음과 뜻과 힘을 다해 하나님을 예배하고, 말씀을 체험합니다.

성경 본문

창세기 3장 1-10절

1. 그런데 뱀은 여호와 하나님이 지으신 들짐승 중에 가장 간교하니라 뱀이 여자에게 물어 이르되 하나님이 참으로 너희에게 동산 모든 나무의 열매를 먹지 말라 하시더냐
2. 여자가 뱀에게 말하되 동산 나무의 열매를 우리가 먹을 수 있으나
3. 동산 중앙에 있는 나무의 열매는 하나님의 말씀에 너희는 먹지도 말고 만지지도 말라 너희가 죽을까 하노라 하셨느니라
4. 뱀이 여자에게 이르되 너희가 결코 죽지 아니하리라
5. 너희가 그것을 먹는 날에는 너희 눈이 밝아져 하나님과 같이 되어 선악을 알 줄 하나님이 아심이니
6. 여자가 그 나무를 본즉 먹음직도 하고 보암직도 하고 지혜롭게 할 만큼 탐스럽기도 한 나무인지라 여자가 그 열매를 따먹고 자기와 함께 있는 남편에게도 주매 그도 먹은지라
7. 이에 그들의 눈이 밝아져 자기들이 벗은 줄을 알고 무화과나무 잎을 엮어 치마로 삼았더라
8. 그들이 그 날 바람이 불 때 동산에 거니시는 여호와 하나님의 소리를 듣고 아담과 그의 아내가 여호와 하나님의 낯을 피하여 동산 나무 사이에 숨은지라
9. 여호와 하나님이 아담을 부르시며 그에게 이르시되 네가 어디 있느냐
10. 이르되 내가 동산에서 하나님의 소리를 듣고 내가 벗었으므로 두려워하여 숨었나이다

성경 배경

사랑과 자유는 둘이 아닌 하나입니다. 하나가 없이는 다른 하나가 존재할 수 없습니다. 누군가를 사랑한다면 그의 자유를 침해해서는 안 됩니다. 그래서 사랑이 어렵고, 그만큼 사랑이 귀합니다. 여호와 하나님은 사람을 자신의 형상과 모양으로 창조했습니다(창1:26-27). 그래서 사람은 마음과 뜻과 힘을 다해 누군가를 자유롭게 사랑할 수 있는 존재가 되었습니다.

그분은 사람과 전인격적이고 공동체적인 사랑을 나누길 원합니다. 사람을 자유롭게 사랑하며 영원히 살도록, 우리사랑을 이어가도록 동산 중앙에 생명나무를 심었습니다(창2:9). 사람에게는 '자유를 함부로 사용할 수 있는, 자기 사랑을 선택할 수 있는 자유'가 있습니다. 그분은 사람의 자유를 보호하고자, 생명나무 옆에 선악을 알게 하는 나무를 심었습니다. 동산에 있는 모든 나무 열매를 먹되, 선악을 알게 하는 나무 열매는 먹지 말라고, 먹으면 반드시 죽는다고 했습니다(창2:16-17).

자유를 함부로 사용하거나, 무엇이 선하고 악한지를 스스로 결정하지 말라는 것입니다. 이사야 선지자는 "악을 선하다 하며 선을 악하다 하며 흑암으로 광명을 삼으며 광명으로 흑암을 삼으며 쓴 것으로 단 것을 삼으며 단 것으로 쓴 것을 삼는 자들은 화 있을진저(사5:20)"라고 경

고합니다. 그때만 해도 아담은 죽음이 무엇인지 몰랐습니다. 죽음이 생명의 근원인 창조주 하나님과의 관계가 끊어지는 것이라는 것을 알지 못했습니다.

그분이 지은 들짐승 중에 가장 간교한 뱀이 나타나, 가장 간교한 이야기를 던집니다. 뱀은 "하나님이 참으로 너희에게 동산 모든 나무의 열매를 먹지 말라 하시더냐(창3:1)"고 합니다. "너희가 결코 죽지 아니하리라 너희가 그것을 먹는 날에는 너희 눈이 밝아져 하나님과 같이 되어 선악을 알 줄 하나님이 아심이니(창3:4-5)"라고 합니다. 여자 역시 "동산 중앙에 있는 나무의 열매는 하나님의 말씀에 너희는 먹지도 말고 만지지도 말라 너희가 죽을까 하노라 하셨느니라(창3:3)"고 합니다. 엄중한 경고를 가볍게 여깁니다.

선악을 알게 하는 나무 열매가 눈앞에 있습니다. 보기에 얼마나 보암직하고 먹음직한지, 지혜롭게 할 만큼 탐스러웠는지 모릅니다. 여자와 아담은 그분이 허락한 자유로 그분의 품(뜻)을 떠납니다. 선과 악의 기준을 스스로 정하고자, 나무 열매를 먹습니다. 그분이 보기에 참으로 좋았던 세상과 사람이 죽음을 만납니다. 그렇게 자유로웠고, 그만큼 아름다웠던 관계(우리사랑과 더불어 샬롬)가 깨집니다.

그들은 그분을 두려워하고, 서로를 부끄러워합니다. 여호와 하나님의 소리와 얼굴을 피해 몸을 숨깁니다. 그분은 어디에 숨었는지를 압니다. 그런데 묻습니다. "아담아! 어디에 있느냐(창3:9)?" 아담은 히브리어로 사람을 뜻합니다. 어원은 흙(아다마)입니다. 창조주 하나님은 자신이 허락한 자유로 자신을 떠난 이들에게 묻습니다. "사람아! 어디에 있느냐(창3:9)?"

그분은 자신의 백성을 포기하지 않습니다(포기할 수 없습니다). 강제로 끌어내지 않습니다. 자유를 침해하지 않습니다. 죄와 욕심이 부끄러워 숨은 곳을 알지만, 스스로 돌이킬 때까지 기다립니다. 그 사랑이 참으로 고맙고도 죄송합니다. 우리 이름을 부르는 그분의 느낌표(!)와 우리를 찾는 그분의 물음표(?)가 우리 인생의 이정표이길 바랍니다.

말씀체험 | 아담아 어디에 있느냐

> 우리도 아담처럼 보암직하고 먹음직하고 지혜롭게 할 만큼 탐스러운 것을 좋아합니다. 창조주가 허락한 자유를 함부로 사용하고, 아담처럼 숨기도 합니다. 아담과 우리의 이름을 부르며, 찾고 기다리는 여호와 하나님의 안타까움을 기억합니다. 숨어있는 친구를 찾아 사람(아담)을 완성하는 말씀체험입니다.

미리 준비하기

1 작은 정사각형 종이상자를 접어 한쪽 면에 친구들 얼굴 사진을 붙인다. 예배 전에 얼굴 사진을 붙인 종이상자를 예배실 여기저기에 숨겨 놓는다.

- 얼굴 사진이 있어야 찾았을 때 성취감이 있다.

★ 규격 종이상자는 웹사이트에서 구매할 수 있다.

진행하기

2 친구들 이름을 부르며, 얼굴 사진이 붙은 종이상자를 찾는다. 종이상자를 찾을 때마다 크게 기뻐한다.

- 여호와 하나님의 소리와 얼굴을 피해 숨은 친구들을 찾는다. 그분의 마음이 얼마나 슬프고 아픈지를 이야기한다. "아담아! 어디에 있느냐?", "사람아! 어디에 있느냐?", "친구야! 어디에 있느냐"고 하며, 예배실 여기저기를 찾아 다닌다.
- 친구들 이름을 넣어서 "친구야, 내가 너를 찾았어!"라고, "여호와 하나님이 너를 찾았어!"라고 이야기한다.

3 종이상자를 모두 찾는다. 자기가 찾은 종이상자를 가지고 자기 자리로 돌아간다. 글을 적고 꾸민다.

- 나와 여호와 하나님이 함께 찾은 친구 종이상자에 사랑의 이야기를 적는다.
- 꾸밈용 스티커를 보기 좋게 붙인다.

★ 미처 종이상자를 못 찾은 친구들이 있다면 많이 찾은 친구가 나눠준다.

| 준비물 | 작은 정사각형 종이상자
얼굴 사진 라벨지
색연필 / 사인펜 / 꾸밈용 스티커
넓은 투명테이프 (또는 글루건) | 더 생각하기 | 상자를 찾을 때 시각자극을 활용하기 어려운 친구가 있습니다. 상자 안에 미리 방울이나 곡물(콩, 팥, 쌀 등)을 넣어두고 교사가 흔들어 소리를 듣고 찾게 합니다. 작은 정사각형 종이상자를 구입하기 어렵다면 똑같은 크기의 과자 상자를 이용합니다. 같은 크기의 종이컵이나 우유갑을 이용합니다. 상자를 연결해서 사람을 만들 때 아랫부분(다리와 발) 상자 안에 무거운 물건이나 찰흙을 넣으면 안정감있게 서 있을 것입니다. 입체로 만들기 어렵다면 조금 두꺼운 종이(골판지, 하드보드지 등)를 사용해서 평면 작품으로 만듭니다. |

4 조별로 종이상자 단면에 양면테이프를 붙인다. 뒷면에 넓은 투명테이프를 붙여 고정한다. 종이상자를 연결하여 몸의 일부를 표현한다.

· 예를 들어 '1조 몸통, 2조 머리와 몸통, 3조 왼쪽 다리, 4조 오른쪽 다리, 5조 왼쪽 팔, 6조 오른쪽 팔'이다.

✱ 6개 조가 안 되거나, 조가 없다면 임의대로 나눠 진행한다.

6 우리사람과 함께 사진을 찍어 소중히 기억한다.

· 우리사람의 몸과 얼굴에는 친구들 얼굴사진과 이름과 사랑의 이야기가 가득하다.
· 우리와 더불어 샬롬을 나누길 원하는 창조주의 바람을 이야기한다. 우리를 끝까지 찾고 기다리며, 끝내 한 몸되게 할 그분에게 감사 기도를 드린다.

✱ 우리사람을 예배실 한쪽에 세워둔다.

5 조별로 만든 머리와 몸의 일부를 가지고 나온다. 테이프(또는 글루건)로 연결해서 사람을 만든다.

· 그의 이름은 '우리사람'이다. 여호와 하나님이 허락한 자유로, 자기 사랑이 아닌 우리사랑을 실천하는 사람이다.

| 어울리는 찬양 ♪ | 내가 너를 사랑함이라 _ 소리엘 |

4

무지개가 나타나면 우리사랑 기억하자

여호와 하나님은 세상의 죄와 욕심을 홍수로 심판합니다. 밝고 선명하고 아름다운 무지개를 띄웁니다. 다시는 물로 세상을 심판하지 않겠다는 약속이자, 무지개처럼 더불어 샬롬을 이루라는 부탁입니다. 마음과 뜻과 힘을 다해 하나님을 예배하고, 말씀을 체험합니다.

성경 본문

창세기 9장 11-17절

11. 내가 너희와 언약을 세우리니 다시는 모든 생물을 홍수로 멸하지 아니할 것이라 땅을 멸할 홍수가 다시 있지 아니하리라
12. 하나님이 이르시되 내가 나와 너희와 및 너희와 함께 하는 모든 생물 사이에 대대로 영원히 세우는 언약의 증거는 이것이니라
13. 내가 내 무지개를 구름 속에 두었나니 이것이 나와 세상 사이의 언약의 증거니라
14. 내가 구름으로 땅을 덮을 때에 무지개가 구름 속에 나타나면
15. 내가 나와 너희와 및 육체를 가진 모든 생물 사이의 내 언약을 기억하리니 다시는 물이 모든 육체를 멸하는 홍수가 되지 아니할지라
16. 무지개가 구름 사이에 있으리니 내가 보고 나 하나님과 모든 육체를 가진 땅의 모든 생물 사이의 영원한 언약을 기억하리라
17. 하나님이 노아에게 또 이르시되 내가 나와 땅에 있는 모든 생물 사이에 세운 언약의 증거가 이것이라 하셨더라

성경 배경

여호와 하나님은 아담과 하와가 선악을 알게 하는 나무 열매를 먹자 에덴동산을 떠나게 합니다(창3:24). 사람에게 선과 악을 마음대로 선택할 수 있는 자유가 주어진다면 죄와 욕심이 끝없이 이어질 것입니다. 하나님이 그들을 무작정 쫓아낸 것이 아닙니다. 죄와 욕심을 멈추게 하려는 어쩔 수 없는 선택입니다. 사람은 죄와 욕심으로 인해 죽을 수밖에 없는 존재가 되었습니다. 생명의 근원인 여호와 하나님 없이도, 스스로 살 수 있다고 여겼기 때문입니다.

아담과 하와는 그분이 경고한 죽음이 무엇인지, 죽음을 경험하기 전에는 몰랐습니다. 그들은 자식의 죽음으로 인해 그것을 처음 경험하게 됩니다. 첫 아들 가인(얻음이라는 뜻)이 동생 아벨(헛됨이라는 뜻)을 질투합니다. 여호와 하나님이 아벨과 아벨의 제물을 받았으나, 가인과 가인의 제물은 받지 않았습니다(창4:3-5). 그래서 가인은 돌로 쳐서 동생을 죽입니다. 그분이 가인에게 동생이 어디 있는지를 묻자 "내가 알지 못하나이다 내가 내 아우를 지키는 자니이까(창4:9)"라고 덤빕니다. 죄와 욕심과 죽음이 한데 어우러집니다.

라멕은 아내들에게 폭력과 살인을 자랑합니다. 가인이 칠 배 벌을 받는다면, 자신은 칠십칠 배 받겠다고 합니다(창4:23-24). 뭐 이런 경우가 있나 싶습니다. 죄와 욕심이 죽음을 향해 치닫습니다. 여호와 하나님이 창조한 세상과 사람은 어떻게 되는 것일까요. 우리사랑, 그리고 더불어 샬롬이라는 자유롭고 인격적인 관계는 사라졌습니다.

죄와 욕심이 세상에 가득하고, 사람이 마음으로 생각하는 모든 계획이 항상 악합니다(창 6:5). 여호와 하나님이 땅 위에 사람을 지은 것을 후회합니다. 창조한 사람을 지면에서 쓸어버리겠다고 합니다(창6:6-7). 사람이 살기에 안성맞춤이었던 세상은 더 이상 아름답지 않습니다. 그러나 절망 곁에서도 희망은 천천히 자랍니다.

여호와 하나님의 은혜를 입은 노아, 그는 그분과 동행한 의인이며, 당대에 완전한 자입니다(창6:8-9). 그분은 노아에게 구원을, 심판(홍수)과 회복(방주)을 이야기합니다. 노아는 세상이 아무리 조롱해도 묵묵히 구원의 방주를 만듭니다. 그는 방주를 만들고, 방주 안에서 보호 받으며, 방주 밖에서 살아가는 구원(심판과 회복)을 경험합니다. 심판의 물이 걷히고, 회복의 땅이 드러납니다. 노아를 포함해서 그의 가족 여덟 명이 다시 땅에 발을 디딥니다. 얼마나 두렵고, 얼마나 설렜을까요. 그들이 다시 땅을 밟고 처음으로 한 일은 예배입니다. 두렵고 떨리는 마음으로 구원의 하나님 여호와를 예배합니다. 그분은 구름 사이에서 선명하고 아름다운 무지개를 띄웁니다. 창조주가 다시 사람과 언약을 맺습니다. 다시는 물로 세상을 심판하지 않겠다고 약속합니다. 다양한 색이 어우러지는 무지개처럼 더불어 샬롬을 이루라는 것입니다. 창조주 하나님이 보기에 참으로 좋았던 처음 세상과 사람이 무지개 아래에서 다시, 시작합니다.

| 말씀체험 | 무지개가 나타나면 우리사랑 기억하자

> 여호와 하나님과 노아가 무지개 아래에서 다시 언약(더불어 샬롬, 우리사랑)을 맺는 장면을 생각합니다. 조별로 꾸민 무지개를 연결해서 커다란 무지개를 만들고, 그 아래에서 언약을 기억하는 말씀체험입니다.

미리 준비하기

1 A0 사이즈 종이를 연결해서 커다란 무지개 밑그림을 그린다. 무지개 밑그림 위에 "무지개가 나타나면 우리사랑 기억하자"고 적는다.

✱ 상황에 따라 자유롭게 표현한다.

진행하기

2 조별로 종이를 나눠준다. 무지개 밑그림 안에 정해진 색을 칠한다.

· 글씨 색은 자유롭게 선택한다.
· 친구들 스스로 참여하는 것이 중요하다.
· 기다리며 응원하고 함께한다.

✱ 무지개 밑그림 칸마다 색을 지정한다. 종이를 다시 연결할 때 같은 색이 이어져야 한다.

3 무지개 아래에 친구들 얼굴 사진을 붙이고 이름을 적는다. 새로운 생명이 시작되는 의미로 새싹과 꽃을 붙인다. 꾸밈용 스티커도 붙인다.

· 자신의 얼굴 사진이 있을 때 친구들 집중력이 높아진다.
· 말씀체험을 진행하는 내내 "무지개가 나타나면 우리사랑 기억하자"고 이야기한다.
· 무지개 언약에는 '더불어 샬롬'과 '우리사랑'이라는 여호와 하나님의 희망이 담겨 있다.

✱ 친구들의 정서행동에 맞추어 자유롭게 표현한다.

| 준비물 | 두꺼운 흰색 종이(A0)
얼굴 사진 라벨지
색연필 / 사인펜 / 크레파스
투명테이프 / 꾸밈용 스티커 | 더 생각하기 | 무지개 밑그림을 제시할 때 칸마다 테두리에 지정색을 표시합니다. 친구들이 같은 색의 칠하기 도구를 선택하여 비어진 공간을 색칠합니다. 칠이 꼼꼼하지 않아도 됩니다. 즐겁게 활동할 수 있도록 격려해 주세요. 칠하기 도구를 손에 쥐거나 칠하기를 어려워하는 친구가 있다면 색종이를 찢어 붙이게 합니다. 무지개 색의 스티커를 준비해서 붙여도 됩니다. 친구들이 선호하는 재료가 무엇인지 생각하고 준비하면 더 즐거운 활동이 될 것입니다. |

4 조별로 꾸민 각각의 무지개를 예배실 한쪽으로 가지고 나온다. 투명테이프로 하나씩 벽에 붙인다.

· 우리 손으로 그린 각각의 무지개가 하나로 이어진다.

✱ 같은 색이어도 칠하는 방향과 방법이 다양하기에, 따로 또 같이 어우러진다.

5 아름다운 무지개가 나타났다. 지난 주에 만든 '우리사람'을 무지개 아래에 세운다. 함께 사진을 찍어 소중히 기억한다.

✱ 말씀체험은 창세기부터 요한계시록까지 꼬리에 꼬리를 물고 이어진다.

어울리는 찬양 ♪ 뚝딱 뚝딱(노아 할아버지)_ 젠키즈

말씀체험 | 무지개가 나타나면 우리사랑 기억하자

2 { 여호와 하나님과 노아가 무지개 아래에서 다시 언약(더불어 샬롬, 우리사랑)을 맺는 장면을 생각합니다. 다양한 색의 물감을 활용해서 데칼코마니 무지개를 만들고, 그 아래에서 언약을 기억하는 말씀체험입니다.

진행하기

1 조별로 두꺼운 흰색 종이와 얼굴 사진과 무지개 색상 물감을 나눠준다.

- 여호와 하나님이 노아에게 보여준 무지개가 언약(더불어 샬롬, 우리사랑)을 의미한다는 것을 이야기한다.

2 흰색 종이를 반으로 접었다 펼치고 글을 적는다.

- 한쪽 위에는 '여호와 하나님의 약속', 반대편 위에는 이름을 넣어 '친구의 약속'이라고 적는다. 한쪽 아래에는 '무지개가 나타나면', 반대편 아래에는 '우리사랑 기억하자'고 적는다.

3 데칼코마니 방식으로 나만의 무지개를 표현한다. 한쪽 면에 무지개 색상 물감을 짠다.

★ 치약처럼 얇게 짤 수 있는 물감이 좋다.

★ 접었다 폈을 때 색이 잘 보이려면, 물감 사이에 공간이 있어야 한다. 위와 아래에 적은 글과 물감 사이에도 공간이 필요하다. 그렇지 않으면 물감이 뭉치고 종이 밖으로 샐 수 있다.

4 물감을 짠 종이를 반으로 접는다. 여호와 하나님과 내가 맺은 무지개 언약이, 더불어 샬롬과 우리사랑이 어떤 모양을 할지 기대하며 접었던 종이를 편다.

- 언약을 맺을 때는 서로 같은 마음을 가져야 한다고 이야기한다.
- 다양하고 아름다운 무지개 언약이 펼쳐진다.

★ 너무 세게 누르면 물감이 지나치게 번지므로 살살 누른다.

| 준비물 | 두꺼운 흰색 종이(A4)
얼굴 사진 라벨지
무지개 색상 물감
색연필 / 사인펜 | 더 생각하기 | 아무것도 없는 흰 도화지 위에 무지개 색깔 순서대로 물감을 짜는 것이 친구들에게 어려울 수 있습니다. 반으로 접었다 펼친 도화지 한쪽 면에 무지개 색 색연필로 물감을 짜야 할 위치를 표시합니다. 물감을 사용할 때는 손이나 얼굴, 옷에 묻을 수 있으니 앞치마나 더러워져도 괜찮은 큼지막한 티셔츠를 입힙니다. 데칼코마니 활동이 아닌 다른 활동으로 무지개를 만들고 싶다면 품품이(칼라 솜방울), 홀로그램 시트지(반짝이는 효과가 있는 시트지), 색상지, 스팡클 비즈 등과 같은 재료를 사용합니다. |

5 데칼코마니 무지개 아래에 자신의 얼굴 사진을 붙인다.

· 친구들에게 보여주며, "무지개가 나타나면 우리사랑 기억하자"고 이야기한다.

6 무지개 언약을 듣고 친구들과 함께 사진을 찍어 소중히 기억한다.

5

결국 욕심의 탑을 쌓는구나

어느 시대에나 사람은 육신의 정욕과 안목의 정욕과 이생의 자랑이라는 욕심의 탑을 쌓습니다. 여전히 탐욕스러운 사람을 지켜봐야 하는 여호와 하나님은 늘 아픕니다. 그 탑이 그분의 가슴을 찌릅니다. 우리 손으로 쌓은 욕심의 탑, 우리 손으로 무너뜨려야 합니다. 마음과 뜻과 힘을 다해 하나님을 예배하고, 말씀을 체험합니다.

성경 본문

창세기 11장 1-9절

1. 온 땅의 언어가 하나요 말이 하나였더라
2. 이에 그들이 동방으로 옮기다가 시날 평지를 만나 거기 거류하며
3. 서로 말하되 자, 벽돌을 만들어 견고히 굽자 하고 이에 벽돌로 돌을 대신하며 역청으로 진흙을 대신하고
4. 또 말하되 자, 성읍과 탑을 건설하여 그 탑 꼭대기를 하늘에 닿게 하여 우리 이름을 내고 온 지면에 흩어짐을 면하자 하였더니
5. 여호와께서 사람들이 건설하는 그 성읍과 탑을 보려고 내려오셨더라
6. 여호와께서 이르시되 이 무리가 한 족속이요 언어도 하나이므로 이같이 시작하였으니 이 후로는 그 하고자 하는 일을 막을 수 없으리로다
7. 자, 우리가 내려가서 거기서 그들의 언어를 혼잡하게 하여 그들이 서로 알아듣지 못하게 하자 하시고
8. 여호와께서 거기서 그들을 온 지면에 흩으셨으므로 그들이 그 도시를 건설하기를 그쳤더라
9. 그러므로 그 이름을 바벨이라 하니 이는 여호와께서 거기서 온 땅의 언어를 혼잡하게 하셨음이니라 여호와께서 거기서 그들을 온 지면에 흩으셨더라

성경 배경

여호와 하나님은 홍수로 세상의 죄와 욕심을 심판했습니다. 그분은 구원이라는, 샬롬이라는 창조주의 약속을 심판과 회복을 통해 이루어 갑니다. 심판은 창조주 하나님의 권리이자 의무입니다. 사랑과 회복만을 강조하다보면, 정의와 심판을 소홀히 여길 수 있습니다.

사도 베드로는 "하나님의 날이 임하기를 바라보고 간절히 사모하라 그 날에 하늘이 불에 타서 풀어지고 물질이 뜨거운 불에 녹아지려니와 우리는 그의 약속대로 의가 있는 곳인 새 하늘과 새 땅을 바라보도다 그러므로 사랑하는 자들아 너희가 이것을 바라보나니 주 앞에서 점도 없고 흠도 없이 평강 가운데서 나타나기를 힘쓰라(벧후3:12-14)"고 합니다.

여호와 하나님은 방주에서 나온 노아와 가족이 정의롭기를 희망했습니다. 그분이 바라는 정의는 '우리사랑과 더불어 샬롬'입니다. 세상 어디에서도 보이는, 밝고 선명한 무지개를 보여주시며 다시 언약을 맺습니다. 세상과 사람은 그분이 보기에 참으로 좋았던 때(창1:31)로 돌아갈 수 있을까요.

불길한 예감은 틀린 적이 없습니다. 여호와 하나님의 기대와 달리 욕심에 취해 스스로 눈이 밝아졌다고 착각한 사람은, 쉽게 정신을 차리지 않습니다. 자기 사랑과 우리사랑, 양 갈래 길을 같이 걸을 수 있다고 착각합니다.

무언가를 맛보면, 맛보기 전으로 돌아갈 수 없습니다. 욕심도 마찬가지입니다. 여호와 하나님이 주신 자유로 사랑과 정의를 선택하지 않습니다. 자기 사랑에 취해 돈과 권력을 추구합니다. 가장 힘이 세고 돈이 많은 사람이 가장 높은 자리에 오릅니다. 세상 첫 용사이자, 여호와 하나님 앞에서 용감한 사냥꾼처럼 힘을 자랑한 니므롯이 드디어 자신의 나라를 세웁니다(창 10:8-10). 성경에서 '나라'라는 말이 처음 나오는 장면입니다.

여호와 하나님이 창조한 땅에서 '그분을 거절하고, 그분에게 대항하는 나라'가 세워집니다. 니므롯은 그의 땅, 그의 백성, 그의 권력으로 그의 나라를 시작합니다. 여호와 하나님이 다시 물로 세상을 심판해도 버틸 수 있는, 높디높은 바벨탑을 쌓습니다. 바벨의 두 가지 뜻은 '신의 문'과 '혼란'입니다. 마음과 뜻과 힘을 다해 욕심의 탑을 하늘까지 쌓아 이름을 자랑합니다.

여호와 하나님이 바벨탑 공사를 멈추게 하고자 급히 현장에 내려옵니다. 그때까지 하나였던 언어를 혼란스럽게 하고, 사람을 뿔뿔이 흩어지게 합니다. 그러나 그들은 말이 통하는 사람과 무리지어, 살고 싶은 땅에서, 살고 싶은 대로 살아갑니다. 또 다시 욕심의 탑을 쌓습니다. 처음에 창조주가 보기에 좋았던 세상과 사람, 과연 회복될 수 있을까요. 우리사랑과 더불어 샬롬이라는 창조주의 희망은 절망을 견뎌낼 수 있을까요. 가능하긴 한 것일까요.

오늘을 사는 우리가 답해야 합니다. 회복할 수 있다고, 이루어질 수 있다고. 그리고 우리 손으로 쌓은 욕심의 탑을 우리 손으로 무너뜨려야 합니다. 그것이 회복의 시작입니다. 시작이 반입니다.

말씀체험 — 결국 욕심의 탑을 쌓는구나

> 자신의 욕심이 덕지덕지 붙은 욕심의 벽돌로 욕심의 탑을 높이 쌓습니다. 우리 손으로 쌓은 욕심의 탑이 여호와 하나님을 얼마나 아프게 하는지 이야기 나눕니다. 그 탑을 우리 손으로 무너뜨리는, 다시 쌓지 않겠다고 고백하는 말씀체험입니다.

진행하기

1 조별로 종이벽돌을 나눠준다. 내가 붙잡고 있는, 여호와 하나님이 싫어하는 욕심이 무엇인지 서로 이야기한다(버리고 싶은 욕심).

- 예를 들면 '나만 사랑, 내가 최고, 먹을 것, 미워하는 마음, 돈, 장난감'이다.

✱ 글로 표현하기 어렵다면, 욕심에 관한 이미지를 준비한다.

2 다양한 욕심을 포스트잇에 써서 종이벽돌에 붙인다.

✱ 친구들 스스로 종이벽돌에 붙인다.

3 예배실 중앙에 욕심의 탑을 쌓아올린다.

- 친구들 스스로 욕심의 벽돌을 쌓도록 함께한다.
- 쌓는 중에 무너지지 않도록 유의한다.
- 무너지면 다시 쌓는다.

✱ 높이 쌓는 것이 좋기에, 책상 위에 쌓아도 좋다.

준비물	포스트잇 색연필 / 네임펜 종이벽돌 하트모양 공 빨대 / 색종이	더 생각하기	종이벽돌 상자를 구입하면 좋겠지만, 그렇지 못할 경우 주위에서 쉽게 구할 수 있는 재료를 사용해도 좋습니다. 종이컵이나 우유갑이나 과자 상자, 요플레 통 등으로 대체할 수 있습니다. 공을 던지는 동작은 어려운 동작 중의 하나입니다. 손에 공을 쥐기 어려운 친구는 교사가 손을 잡고 함께 던집니다.

4 색종이에 아래 이야기를 적은 후 빨대에 붙여 깃발을 만든다.

- 내가 최고다, 나만 사랑하면 된다, 하나님 필요 없어, 우리사랑 아닌 자기 사랑, 내가 보기에 좋다, 내가 사랑하는 욕심, 나를 위한 나의 욕심 등

5 욕심의 탑 꼭대기에 욕심의 깃발을 꽂는다.

- 우리 손으로 쌓은 욕심의 탑이 여호와 하나님의 마음을 얼마나 아프게 하는지 이야기한다.

6 모든 친구들과 교사가 욕심의 탑 한쪽에 선다. 스폰지로 만든 하트모양 공을 나눠 준다.

- 공은 '우리사랑의 공', 탑은 '자기 사랑의 탑'이다.

✽ 공은 맞아도 아프지 않은 것으로 준비한다.

7 "하나, 둘, 셋"을 함께 외친다. 일제히 "욕심의 탑아! 무너져라!"를 외치며, 탑을 향해 공을 던진다.

- 무너진 욕심의 탑을 보면서, "다시는 우리 손으로 욕심의 탑을 쌓지 말자"고, "여호와 하나님의 마음을 아프게 하지 말자"고 이야기한다.

✽ 동그랗게 서면 서로가 던진 공에 맞을 수 있다. 욕심의 탑 한쪽에 서서 던진다.

✽ 친구들이 너무 흥분하지 않도록, 서로 장난치지 않도록 유의한다.

어울리는 찬양 ♪ 버려요 _ 파이디온 선교회

6

말씀 따라 걸어가자

여호와 하나님의 희망은 '모든 피조물과 더불어 샬롬'을 누리는 것입니다. 그분은 자신의 형상과 모양으로 창조한 사람과 함께 꿈을 꿉니다. 홀로 꿈꾸지 않기 때문에 샬롬의 길을 같이 걸어갈 벗, 죄와 욕심을 떠나 말씀 따라 걸어가는 언약백성이 필요합니다. 마음과 뜻과 힘을 다해 하나님을 예배하고, 말씀을 체험합니다.

성경 본문

창세기 12장 1-5절

1. 여호와께서 아브람에게 이르시되 너는 너의 고향과 친척과 아버지의 집을 떠나 내가 네게 보여 줄 땅으로 가라
2. 내가 너로 큰 민족을 이루고 네게 복을 주어 네 이름을 창대하게 하리니 너는 복이 될지라
3. 너를 축복하는 자에게는 내가 복을 내리고 너를 저주하는 자에게는 내가 저주하리니 땅의 모든 족속이 너로 말미암아 복을 얻을 것이라 하신지라
4. 이에 아브람이 여호와의 말씀을 따라갔고 롯도 그와 함께 갔으며 아브람이 하란을 떠날 때에 칠십오 세였더라
5. 아브람이 그의 아내 사래와 조카 롯과 하란에서 모은 모든 소유와 얻은 사람들을 이끌고 가나안 땅으로 가려고 떠나서 마침내 가나안 땅에 들어갔더라

성경 배경

여호와 하나님 앞에서 용감했던 니므롯과 사람들은 보란 듯이 높은 탑을 쌓았습니다. 그 탑을 하늘까지 닿게 쌓아 자신들의 이름과 힘을 자랑하고 싶었습니다. 어느 시대에나 돈과 권력을 지닌 자들이 세상을 주도합니다. 바벨탑 쌓기에 실패한 세상 사람은 여호와 하나님을 원망합니다. 그분이 언어를 혼란스럽게 했기 때문에, 말이 비슷한 사람끼리 흩어집니다. 거나란 탑을 쌓지는 않았습니다. 대신 마음속에 원망과 불평과 수많은 신들을 쌓았습니다.

여호와 하나님이 가장 미워하는 우상은 사람의 탐욕입니다. 사도 바울은 골로새 교회를 향해 "그러므로 땅에 있는 지체를 죽이라 곧 음란과 부정과 사욕과 악한 정욕과 탐심이니 탐심은 우상 숭배니라 이것들로 말미암아 하나님의 진노가 임하느니라(골3:5-6)"고 합니다. 사람은 자기가 원하는 것을 얻기 위해서라면 신까지 만듭니다.

신을 정교하게 만들어 팔던 아버지와 아들이 있었습니다. 갈대아 우르에 살던 데라와 아브라함입니다. 원래 집은 하란입니다. 떠돌이처럼 돌아다니다 그곳에 정착했습니다. 그 시대 사람은 돈과 권력을 복이라고 여겼습니다. 그러나 시편 기자는 "하나님께 가까이 함이 내게 복이라 내가 주 여호와를 나의 피난처로 삼아 주의 모든 행적을 전파하리이다(시73:28)"고 합니다. 참된 복은 창조주, 구원주, 심판주인 여호와 하나님을 가까이하는 것입니다. 탐심이 가득한 사람은 '만들어진 신'과 '만들어진 복'을 따릅니다.

여호와 하나님은 초라하기 짝이 없는 아브라함을 찾아옵니다. 그에게 참된 복이 무엇인지, 복을 누리며 나누는 삶이 얼마나 기쁜 것인지 알려줍니다. 언제 어디서나 여호와 하나님을 가까이함이 인생에게 가장 큰 복입니다. 그분은 아브라함에게 죄와 욕심의 땅을 떠나라고 합니다.

떠나지 않으면 닿을 수 없습니다. 그것이 하나님 나라의 질서입니다.

여호와 하나님은 참된 복, 즉 자신을 내어 줄 테니 말씀을 따라 같이 걷자고 합니다. 그분은 자신의 백성을 홀로 두지 않습니다. "야곱아 너를 창조하신 여호와께서 지금 말씀하시느니라 이스라엘아 너를 지으신 이가 말씀하시느니라 너는 두려워하지 말라 내가 너를 구속하였고 내가 너를 지명하여 불렀나니 너는 내 것이라 네가 물 가운데로 지날 때에 내가 너와 함께 할 것이라 강을 건널 때에 물이 너를 침몰하지 못할 것이며 네가 불 가운데로 지날 때에 타지도 아니할 것이요 불꽃이 너를 사르지도 못하리니(사43:1-2)"

이제 아브라함이 선택할 차례입니다. 그는 죄와 욕심을 떠나 말씀을 따르기로, 참된 복과 샬롬을 향해 떠나기로 결심합니다. 첫 걸음 떼기가 무척 어려웠을 것입니다. 두려운 만큼 설레고, 설렌 만큼 두려웠을 것입니다. 무엇이든 처음이 어렵습니다. 그러나 거듭 선택하면 용기가 나기 마련입니다. 그날과 오늘 모두 자기 욕심에 가득 찬, 거짓된 복이 난무합니다. 스스로 눈이 밝아졌다 착각하고, 선과 악의 기준을 마음대로 정합니다.

오직 여호와 하나님의 말씀이 어두워진 세상을 밝히는 희망의 등불입니다. 시편 기자가 "주의 말씀은 내 발에 등이요 내 길에 빛이니이다(시119:105)"라고 노래한 것처럼, 말씀의 등과 빛을 따라 걸어가면 좋겠습니다. 우리사랑과 더불어 샬롬을 노래하며.

말씀체험 | 말씀 따라 걸어가자

> 여호와 하나님의 말씀은 우리 발의 등이고, 우리 길에 빛입니다. 아브라함이 말씀 따라 걸었듯이, 몸과 마음 다해 걸어가면 좋겠습니다. 자신의 발모양 안에 시편 119편 105절 말씀을 적고, 다양한 야광재료로 꾸미는 말씀체험입니다.

미리 준비하기

1 예배실 한 쪽에 친구들 발 모양을 붙일 부직포를 미리 붙인다. 맨 위에 "말씀 따라 걸어가자"고 크게 써서 붙인다.

진행하기

2 조별로 준비물을 나눠준다. 두꺼운 색지(A4)에 친구들 발을 대고 그린다. 가위로 발 모양을 여유있게 오린다.

3 발 모양 안에 시편 119편 105절 말씀을 적고 예쁘게 꾸민다.

- 이름을 넣어 "주의 말씀! ○○의 등불과 빛!"이라고 해도 좋다.

✷ 내용이 길다면 중요한 표현만 적는다.

4 발 모양을 야광재료로 꾸민다. 말씀의 빛을 따라 걸어가자는 바람을 나눈다.

- 웹사이트 검색을 통해 다양한 야광재료를 준비한다.

✷ 야광시트지를 미리 오려서 나눠주면 좋다.

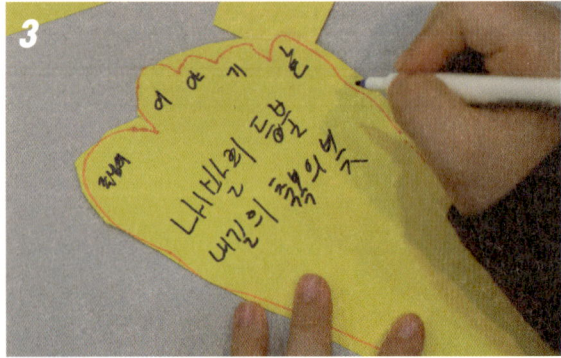

| 준비물 | 두꺼운 색지(A4)
색연필 / 네임펜 / 가위
부직포
야광재료(야광펜, 야광시트지,
야광스티커 등)
벨크로 테이프(꺼끌꺼끌한 면) | 더 생각하기 | 발을 대고 그림을 그리는 것(발을 만지는 것)을 싫어하는 친구를 위해 미리 발 모양 종이를 준비합니다. 글씨를 스스로 쓰기 어려운 친구는 수준에 따라 손을 잡고 쓰거나 글씨를 덧씁니다. 어두워진 예배당에서 반짝이는 발모양을 잘 표현하기 위해 작은 트리전구를 사용합니다. 예배당을 어둡게 하기 전에 어두운 것을 무서워하는 친구가 있는지 확인합니다. |

5 발 모양을 자유롭게 꾸민 후 친구들에게 보여준다.

· 주의 말씀이 우리 발의 등이고, 우리 길에 빛임을 이야기한다.
· 여럿이 함께, 더불어 손잡고 말씀 따라 걸어가자고 격려한다.

✱ 서로 이야기하며 말씀체험을 진행하는 것이 중요하다.

6 자신의 발 모양을 가지고 부직포 앞으로 나온다.

· 발 모양을 붙이면서 자신과 친구들에게 "우리, 말씀 따라 걸어가자", "주의 말씀! 우리의 등불과 빛!"이라고 이야기한다.

7 발 모양을 다 붙인 후, 모두 부직포 앞에 선다. "하나, 둘, 셋"을 함께 외친 후 예배실을 어둡게 한다.

· 예배실은 어두워졌지만, 우리가 붙인 발모양은 밝아졌다.
· 말씀 따라 걸어갈 우리를 응원하며 다 같이 박수친다.

8 다시 예배실을 밝게 한다. 우리가 꾸민 발모양 앞에서 사진을 찍어 소중히 기억한다.

어울리는 찬양 ♪♬ 그분 따라 가려네 _ 파이디온 선교회

7

별이 빛나는 밤에 다시 시작하자

별이 가장 밝게 빛나는 시간은 새벽입니다. 새벽하늘이 가장 어둡기 때문입니다. 새벽은 아직 끝나지 않은 밤과 이미 시작한 아침을 의미합니다. 여호와 하나님은 언제나 어디서나 언약백성의 믿음과 소망과 사랑이 별처럼 빛나길 원합니다. 마음과 뜻과 힘을 다해 하나님을 예배하고, 말씀을 체험합니다.

창세기 15장 1-7절

1. 이 후에 여호와의 말씀이 환상 중에 아브람에게 임하여 이르시되 아브람아 두려워하지 말라 나는 네 방패요 너의 지극히 큰 상급이니라
2. 아브람이 이르되 주 여호와여 무엇을 내게 주시려 하나이까 나는 자식이 없사오니 나의 상속자는 이 다메섹 사람 엘리에셀이니이다
3. 아브람이 또 이르되 주께서 내게 씨를 주지 아니하셨으니 내 집에서 길린 자가 내 상속자가 될 것이니이다
4. 여호와의 말씀이 그에게 임하여 이르시되 그 사람이 네 상속자가 아니라 네 몸에서 날 자가 네 상속자가 되리라 하시고
5. 그를 이끌고 밖으로 나가 이르시되 하늘을 우러러 뭇별을 셀 수 있나 보라 또 그에게 이르시되 네 자손이 이와 같으리라
6. 아브람이 여호와를 믿으니 여호와께서 이를 그의 의로 여기시고
7. 또 그에게 이르시되 나는 이 땅을 네게 주어 소유를 삼게 하려고 너를 갈대아인의 우르에서 이끌어 낸 여호와니라

성경 배경

여호와 하나님은 처음에 품었던 희망과 언약, 빛과 샬롬을 포기하지 않습니다(창1:1-3). 하늘과 땅을 정성껏 창조하며 모든 생명에게 살아갈 숨을 줄 때 가졌던 꿈을 잊지 않습니다. 그러나 창조주 하나님이 창조한 세상이 일제히 그분에게 등을 돌립니다. 참으로 원통하고 슬픈 그 때 그분은 갈대아 우르에서 우상을 만들던 아브라함을 찾아갑니다. 그분에게도 마음 나눌 벗이 필요했습니다.

"이에 성경에 이른 바 아브라함이 하나님을 믿으니 이것을 의로 여기셨다는 말씀이 이루어졌고 그는 하나님의 벗이라 칭함을 받았나니(약2:23)"

"그러나 나의 종 너 이스라엘아 내가 택한 야곱아 나의 벗 아브라함의 자손아 내가 땅 끝에서부터 너를 붙들며 땅 모퉁이에서부터 너를 부르고 네게 이르기를 너는 나의 종이라 내가 너를 택하고 싫어하여 버리지 아니하였다 하였노라(사41:8-9)"

"이제부터는 너희를 종이라 하지 아니하리니 종은 주인이 하는 것을 알지 못함이라 너희를 친구라 하였노니 내가 내 아버지께 들은 것을 다 너희에게 알게 하였음이라(요15:15)"

아브라함은 여호와 하나님의 말씀을 따라 가나안에 정착합니다. 그곳은 갈대아 우르만큼, 아니 그 이상으로 우상이 많은 곳입니다. 메소포타미아 문명과 이집트 문명 사이에서 못된 것만 받아들였나 봅니다. 사람이 어떻게 이런 일까지 할 수 있을까 싶을 만큼 타락했습니다. 여호와 하나

님을 보란 듯이 거부했고, 죄와 욕심을 보란 듯이 선택했습니다. 자기 마음대로 살고 싶어서, 여러 신을 만들었습니다. 우리사랑과 더불어 샬롬이라는 창조 질서가 완전히 무너졌습니다.

아브라함은 여호와 하나님의 언약백성으로 살아야 하는 사람입니다. 그분이 그를 갈대아 우르에서 불렀을 때 살아갈 땅을 주겠고, 큰 민족이 되게 하겠다고 약속했습니다(창12:1-3). 그러나 현실은 아브라함이 생각한 것과 달랐습니다. 약간의 땅은 가졌지만 자녀는 한 명도 없습니다. 그는 기다리다 지쳐 스스로 대안을 마련했습니다. 성실한 종 엘리에셀을 입양해서 상속권을 넘기려고 했습니다.

어느 날 밤, 여호와 하나님이 아브라함의 손을 잡고 장막 밖으로 나갑니다. 칠흑같이 어두운 마음이었던 아브라함의 눈에 아름답게 수놓인 수많은 별들이 보였습니다. 세상에서 가장 아름다운, 별이 빛나는 밤입니다. 여호와 하나님은 지치고 낙담한 아브라함에게 별들을 보여주며 말씀합니다. 너로부터 셀 수 없을 만큼 많은 믿음의 자손이 이 별들처럼 나타날 거라고. 여호와 하나님과 아브라함은 별이 빛나는 그 밤에 다시 언약을 맺습니다. 그는 그분을 믿었고, 그분은 그를 의롭다 여깁니다. 그 날 밤하늘을 수놓았던 많은 별 중에 하나가 '나'라는 사실이 참 고맙고 행복합니다.

말씀체험 | 별이 빛나는 밤에 다시 시작하자

여호와 하나님과 아브라함이 다시 언약을 맺었던, 별이 빛나는 밤을 상상합니다. 우리의 믿음이 별처럼 빛나길 바라며, 밤하늘에 자신의 별을 붙이는 말씀체험입니다.

미리 준비하기

1 예배실 한쪽에 밤하늘을 의미하는 부직포를 붙인다. 부직포 위에 "우리의 믿음이 별처럼", "믿음의 자손이 별처럼", "별이 빛나는 밤에 다시"라고 크게 써서 붙인다.

· 표현은 자유롭게 정해도 좋다.

2 나무로 긁으면 여러 색이 나오는 스크래치 페이퍼와 얼굴 사진을 준비한다. 얼굴 사진은 라벨지로 미리 출력하고, 필요에 따라 적절히 사용한다.

· 사진을 사용할 때와 그렇지 않을 때의 반응은 무척 다르다. 얼굴 사진 라벨지를 다양하게 사용하면 효과적이다.

진행하기

3 조별로 스크래치 페이퍼를 나눠준 후 각자 별 모양으로 오린다.

· 별 모양 가운데에 얼굴 사진 라벨지를 붙여야 하니 여유있게 오린다.

★ 가위질이 힘든 친구들은 미리 오려서 나눠준다.

4 별 모양 가운데에 얼굴 사진 라벨지를 붙이고, 자기 이름을 적는다. 별모양 나머지 공간을 나무로 긁으며 자유롭게 꾸민다.

준비물
- 스크래치 페이퍼
- 긁기용 나무
- 얼굴 사진 라벨지
- 가위 / 부직포
- 벨크로 테이프(꺼끌꺼끌한 면)

더 생각하기

별 모양을 스스로 그리기 어려운 친구가 있습니다. 대고 그릴 수 있는 별 모양판(플라스틱 모양판, 쿠키커터, 하드보드지 등 두꺼운 종이 위에 직접 대고 그린 판 등)을 제공하면 친구가 스스로 할 수 있는 것이 많아집니다. 별 모양을 그리고 오리는 것이 힘들면 별 모양 펀치를 활용합니다. 별의 뾰족한 부분에 긁히거나 찔리지 않도록 주의합니다.

5 별 모양 만들기를 마친 후, 조별로 자신의 별을 가지고 나온다. 완성된 별을 밤하늘에 붙인다.

- 별 모양 뒤에 벨크로 테이프(꺼끌꺼끌한 면)를 붙이고, 밤하늘을 의미하는 부직포에 붙인다.
- 여호와 하나님이 아브라함에게 보여주었던 수많은 별 중에 하나가 나와 너라고 이야기한다.

6 부직포(별이 빛나는 밤하늘) 앞에서 사진을 찍어 소중히 기억한다.

- 우리의 믿음과 소망과 사랑이 어두운 세상을 밝히면 좋겠다고 서로 이야기한다.

✱ 별이 하나 하나 모여 밤하늘을 가득 채운다.

어울리는 찬양 ♪♬
믿음의 조상 아브라함 _ 노아키즈

| 말씀체험 | **별이 빛나는 밤에 다시 시작하자** | 2 | 여호와 하나님과 아브라함이 다시 언약을 맺었던, 별이 빛나는 밤을 상상합니다. 우리의 믿음이 별처럼 빛나길 바라며, 밤하늘에 자신의 별을 붙이는 말씀체험입니다. |

미리 준비하기

1 예배실 한쪽에 밤하늘을 의미하는 검은색 보드를 붙인다. 보드 위에 "우리의 믿음이 별처럼", "믿음의 자손이 별처럼", "별이 빛나는 밤에 다시"라고 크게 써서 붙인다.

· 표현은 자유롭게 정해도 좋다.

진행하기

2 조별로 반짝이는 색종이, 얼굴 사진 라벨지, 양면테이프를 나눠준다.

3 색종이를 별모양으로 접는다.
별을 접은 후 가운데에 얼굴 사진 라벨지를 붙인다.

· 별 모양은 자유롭게 정해도 좋다.
· 모든 활동을 교사가 다 하면 안 된다. 친구들이 어려워 하더라도 할 수 있는 만큼 하게 한다. 조금이라도 더 참여하도록 기회를 주고, 크게 격려하고 응원하면 좋겠다.

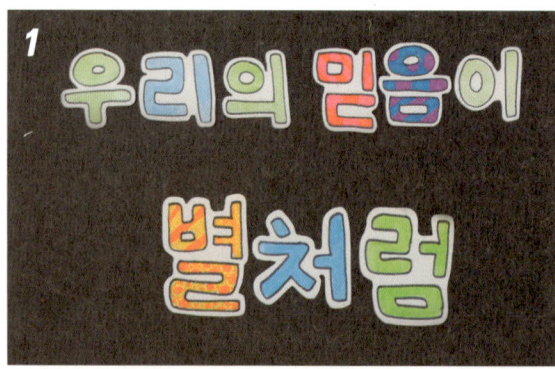

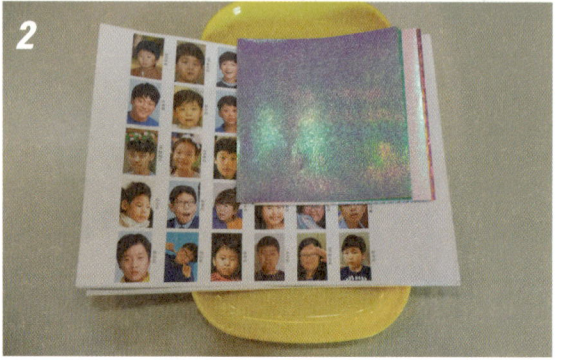

준비물
- 검은색 보드
- 반짝이는 색종이
- 얼굴 사진 라벨지
- 양면테이프

더 생각하기
색종이 접기가 어려운 친구가 있습니다. 친구가 접을 색종이로 교사가 먼저 별모양을 접은 후 다시 펼칩니다. 접었던 자국이 있는 색종이를 사용하면 별 모양 접기가 훨씬 쉽습니다.

4 얼굴 사진 별을 밤하늘에 붙인다.

· 별 모양 뒤에 양면 테이프를 붙이고, 밤하늘을 의미하는 보드에 붙인다.
· 여호와 하나님이 아브라함에게 보여주었던 수많은 별 중에 하나가 '나와 너'라고 이야기한다.

✱ 반짝이 별 모양 스티커를 밤하늘에 같이 붙이면 밤하늘 느낌이 더 자연스럽다.

5 별이 하나 하나 모여 밤하늘을 가득 채운다. 보드(별이 빛나는 밤하늘) 앞에서 사진을 찍어 소중히 기억한다.

· 우리의 믿음과 소망과 사랑이 어두운 세상을 밝히면 좋겠다고 서로 이야기한다.

8

노인이 된 야곱아! 야곱아!

여호와 하나님은 우리가 노인이 되고, 늙어 죽어도, 아니 죽음 이후에도 반드시 우리와 함께합니다. 그분은 우리가 철이 들어 서로 참되이 사랑하며, 그분을 바르게 예배하는 그날을 손꼽아 기다립니다. 야곱에게 그날이 왔듯, 우리에게도 올 것입니다. 마음과 뜻과 힘을 다해 하나님을 예배하고, 말씀을 체험합니다.

성경 본문

창세기 46장 1-6절

1. 이스라엘이 모든 소유를 이끌고 떠나 브엘세바에 이르러 그의 아버지 이삭의 하나님께 희생제사를 드리니
2. 그 밤에 하나님이 이상 중에 이스라엘에게 나타나 이르시되 야곱아 야곱아 하시는지라 야곱이 이르되 내가 여기 있나이다 하매
3. 하나님이 이르시되 나는 하나님이라 네 아버지의 하나님이니 애굽으로 내려가기를 두려워하지 말라 내가 거기서 너로 큰 민족을 이루게 하리라
4. 내가 너와 함께 애굽으로 내려가겠고 반드시 너를 인도하여 다시 올라올 것이며 요셉이 그의 손으로 네 눈을 감기리라 하셨더라
5. 야곱이 브엘세바에서 떠날새 이스라엘의 아들들이 바로가 그를 태우려고 보낸 수레에 자기들의 아버지 야곱과 자기들의 처자들을 태우고
6. 그들의 가축과 가나안 땅에서 얻은 재물을 이끌었으며 야곱과 그의 자손들이 다함께 애굽으로 갔더라

성경 배경

야곱에게 참 고맙습니다. 여호와 하나님에게 소중한 사실을 알려주었습니다. 모든 언약백성이 아브라함이나 이삭 같지 않다는 것을, 욕심 많은 사람의 마음을 돌이키는 것이 정말 힘들다는 것을 야곱은 보여줍니다. 여호와 하나님에게 야곱은 사랑스럽지만 힘겨운 존재였을 것입니다. 야곱은 어머니 리브가 태중에 있을 때부터 쌍둥이 형 에서를 경계했습니다. 태어날 때는 야곱은 에서의 발꿈치를 있는 힘껏 붙잡았습니다. 형이 되고 싶었는데, 억울했습니다. 그래서 이삭과 리브가는 그의 이름을 야곱(발꿈치를 잡은 자, 사기꾼)이라고 짓습니다. 그렇게 살지 않기를 바랐나 봅니다.

그는 어려서부터 노인이 될 때까지 손으로 움켜쥔 욕심을 쉽게 놓지 않았습니다. 사서 고생합니다. 나중에 이집트 바로 왕을 만났을 때 "내 나그네 길의 세월이 백삼십 년이니이다 내 나이가 얼마 못 되니 우리 조상의 나그네 길의 연조에 미치지 못하나 험악한 세월을 보내었나이다(창47:9)"라고 했습니다. 그의 삶에 험악한 세월은 대부분 그가 자초한 일입니다. 형 에서와 아버지 이삭을 속이고 장자의 복을 받았을 때도(창27:1-46), 분노한 형 에서를 피해 외삼촌 라반에게 도망갔을 때도, 외삼촌에게 20년 동안 사기 당하고 야반도주했을 때도(창31:1-55), 돌아오는 길에 얍복 강나루에서 여전히 자기중심적인 복을 구할 때도(창32:1-32).

야곱은 편애하던 라헬에게서 낳은, 편애하던 요셉이 죽었다고 여겼습니다. 이집트 땅에 흉년이 이어졌고, 곡식을 구하고자 이집트로 아들들을 보냅니다. 그러나 라헬에게서 낳은 베냐민만

큼은 보내지 않았습니다. 요셉이 사라지자 또 베냐민을 편애한 것입니다. 우여곡절 끝에 체념하듯 베냐민을 이집트로 보냅니다. 처음으로 욕심에 가득 찬 손아귀를 전능하신 하나님 앞에서 폅니다. "전능하신 하나님께서 그 사람 앞에서 너희에게 은혜를 베푸사 그 사람으로 너희 다른 형제와 베냐민을 돌려보내게 하시기를 원하노라 내가 자식을 잃게 되면 잃으리로다(창43:14)"

악을 선으로 바꾼 여호와 하나님은 요셉을 이집트 총리로 세웠습니다. 야곱은 그간의 모든 일을 알게 되었고, 죽은 줄 알았던 요셉을 만나러 갑니다. 길을 떠나기 전, 고향 브엘세바에서 참된 희생 제사를 드립니다(창46:1). 어머니의 태중에서부터 움켜쥐었던 욕심의 손을 풀고 회개합니다. 130세(별세하기 17년 전)가 되어서야 자신의 욕심이 얼마나 허망한 것인지를 깨닫습니다.

그분은 야곱이 노인이 되었어도 포기하지 않습니다. 브엘세바에서 그를 부릅니다. "야곱아! 야곱아! 내가 너와 함께한다. 죽음까지도(창46:2-4)." 야곱은 죽음을 앞 둔 노인이 되고서야 여호와 하나님의 열심을 깨닫습니다. 신앙은 앎과 삶을 이어내는 애씀입니다. 130년을 험악하게 살고, 17년을 평안히 살다, 147세에 별세합니다. 여호와 하나님은 천천히, 그러나 쉬지 않고 욕심으로 가득 찬 사람의 마음을 돌이킵니다. 야곱을 향한 130년의 기다림이, 우리에게도 여전하니 참 고맙습니다.

말씀체험 | 노인이 된 야곱아! 야곱아!

{ 130년 동안 야곱의 욕심을 참고 기다린 여호와 하나님을 생각합니다. 우리가 노인이 되어도 우리와 함께하는, 철이 들 때까지 기다리는 여호와 하나님을 생각합니다. 노인으로 분장하는 말씀체험입니다. 주일예배도 노인 분장을 한 채로 드립니다.

진행하기

1¹ 야곱은 130세가 되어서야 알게 되었다. 자신을 향한 여호와 하나님의 가슴 아픈 기다림을. 예배 전에 우리가 80세 노인이 되었을 때를 생각하며 분장한다.

· 아이쉐도우, 아이라이너, 흰색과 회색 털실, 흰 솜, 흰 가발 등을 활용한다. 이마, 입가, 눈가 등에 주름을 그리고, 노인으로 분장한다.

1² 마스크를 활용해서 노인으로 분장할 수 있다. 마스크에 입모양대로 구멍을 낸다. 구멍을 제외한 나머지 면에 양면테이프를 붙인 후 솜을 붙인다.

· 친구들과 교사가 마스크에 솜을 붙이면서 "할아버지, 할머니가 된 OO야, 여호와 하나님이 반드시 함께 한다"고 말해준다.

| 준비물 | 화장품(아이쉐도우, 아이라이너)
흰색과 회색 털실 / 가발
마스크(아동용, 성인용)
양면테이프 / 솜 / 가위 / 끈과 집게
폴라로이드 카메라 | 더 생각하기 | 화장품을 얼굴에 칠하기 싫어하는 친구가 있으면, 노인 가면 만들기 활동으로 대체합니다. 얼굴에 묻은 화장품은 물이 없어도 잘 지워지는 클렌징 티슈를 사용해서 지웁니다. 솜은 작은 먼지가 많이 발생합니다. 호흡기가 약한 친구가 있는지 미리 확인합니다. 활동이 끝난 후 환기를 시키고 깨끗이 청소합니다. |

1³ 핸드폰 어플(oldify)을 활용해서 '노인이 되었을 때'를 표현할 수 있다.

- 어플에 얼굴 사진을 올리면 자동으로 변한다. 비교해서 보여주면 좋다.
- 변환한 얼굴 사진을 출력한다. 간단한 종이액자를 만들어 붙인다. 액자에는 "80세 된 친구야! 하나님이 반드시 함께 한다" 등을 적는다.

2 다같이 사진을 찍어 소중히 기억한다.

3 노인 분장을 한 채로 예배를 드린다.

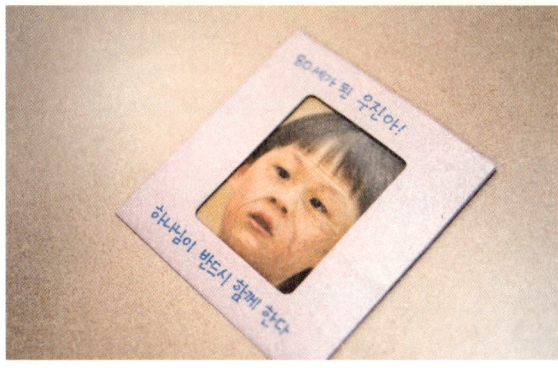

어울리는 찬양 ♪♬ 　나의 예수님 _ 노아(노래하는 아이들)

9

여호와, 나는 스스로 너와 함께 있다

 여호와 하나님은 자신의 언약백성을 '불이 붙었으나 불에 타지 않는 떨기나무'로 여깁니다. 그래서 모세를 떨기나무 앞으로 불렀고, 그에게 보여주었습니다. 더 이상 떨기나무는 시시한 광야의 나무가 아닙니다. 더 이상 모세도 시시한 세상 사람이 아닙니다. 그분은 언제 어디서나 자신의 백성과 함께합니다. 마음과 뜻과 힘을 다해 하나님을 예배하고, 말씀을 체험합니다.

성경 본문

출애굽기 3장 2-4절

2. 여호와의 사자가 떨기나무 가운데로부터 나오는 불꽃 안에서 그에게 나타나시니라 그가 보니 떨기나무에 불이 붙었으나 그 떨기나무가 사라지지 아니하는지라
3. 이에 모세가 이르되 내가 돌이켜 가서 이 큰 광경을 보리라 떨기나무가 어찌하여 타지 아니하는고 하니 그 때에
4. 여호와께서 그가 보려고 돌이켜 오는 것을 보신지라 하나님이 떨기나무 가운데서 그를 불러 이르시되 모세야 모세야 하시매 그가 이르되 내가 여기 있나이다

출애굽기 3장 13-15절

13. 모세가 하나님께 아뢰되 내가 이스라엘 자손에게 가서 이르기를 너희의 조상의 하나님이 나를 너희에게 보내셨다 하면 그들이 내게 묻기를 그의 이름이 무엇이냐 하리니 내가 무엇이라고 그들에게 말하리이까
14. 하나님이 모세에게 이르시되 나는 스스로 있는 자이니라 또 이르시되 너는 이스라엘 자손에게 이같이 이르기를 스스로 있는 자가 나를 너희에게 보내셨다 하라
15. 하나님이 또 모세에게 이르시되 너는 이스라엘 자손에게 이같이 이르기를 너희 조상의 하나님 여호와 곧 아브라함의 하나님, 이삭의 하나님, 야곱의 하나님께서 나를 너희에게 보내셨다 하라 이는 나의 영원한 이름이요 대대로 기억할 나의 칭호니라

성경 배경

이스라엘 백성은 애굽에서 430년 동안 노예로 살아갑니다. 여호와 하나님의 언약백성이라는 정체성이 점차 희미해지고, 노예근성이 선명해집니다. 게다가 요셉이 애굽 총리였음을 알지 못하는 새로운 왕이 등장합니다. 요셉을 몰랐다기 보다는 애굽 역사에서 히브리인이 총리였던 역사를 지우려고 했던 것입니다. 새로운 왕은 히브리인을 힘들게 합니다. 날이 갈수록 노동의 강도가 강해집니다.

이스라엘 백성은 여호와 하나님이 아브라함에게 전한 약속을 잊지 못합니다. 그분이 갈대아 우르에 있던 아브라함을 불렀을 때 땅과 큰 민족과 창대한 이름을 약속했습니다(창12:1-3). 큰 민족과 창대한 이름보다 더 중요한 것은 이스라엘 백성이 샬롬 언약 안에서 여호와 하나님이 자신과 아브라함을 하나로 묶는 것입니다. 그를 축복하면 그분이 복을 내리고, 그를 저주하면 그분이 저주합니다. 아브라함뿐 아니라 모든 언약백성이 샬롬 언약 안에서 공동체를 이룬 것입니다.

여호와 하나님은 애굽에서 힘겨워하는 자기 백성의 고통을 보고 듣고 압니다. 이제 그들을 애굽에서 구원하여 약속의 땅으로 인도할 것입니다. 두렵고 떨리고 놀라운 그 구원의 여정을 80세 모세에게 맡깁니다. 여호와 하나님은 광야 호렙산에서 모세를 만납니다. 불이 붙었으나 불

에 타지 않는 떨기나무 앞으로 부릅니다. 이상한 일입니다. 비가 잘 오지 않는 광야의 나무는 볼 품 없습니다. 바짝 메말라 작은 불에도 금세 타서 재가 됩니다. 그런데 모세 앞에 있는 떨기나무는 불이 붙은 채로 서 있습니다.

  모세는 스스로를 광야의 떨기나무라고 여겼습니다. 살인자, 도망자, 미디안 제사장 사위, 보잘 것 없는 겁쟁이라고 여겼습니다. 그래서 그분이 '불붙은 떨기나무'를 보여준 것입니다. 모세는 더 이상 초라한 떨기나무가 아닙니다. 하나님이 함께하는 하나님의 언약백성입니다. 그분은 모세에게 애굽으로 가서 자신의 백성을 구출하라고 말씀합니다. 모세는 너무 두려워서 하나님의 이름과 존재를 묻습니다.

  여호와 하나님은 모세에게 그의 이름과 존재를 알려줍니다. "여호와, 나는 스스로 있는 자다. 나는 아브라함과 이삭과 야곱의 하나님이며, 이는 나의 영원한 이름이다(출3:14-15)." 아브라함과 이삭과 야곱과 함께한 것처럼 모세, 너와도 함께 할 테니 애굽으로 가라는 것입니다. 여호와, 나는 '스스로 모세와 함께 있는 자'라는 것입니다. 하나님의 이름 안에는 그분과 함께하는 언약백성이 있습니다. 물론 우리도 있습니다. 이제 모세는 여호와라는 하나님의 이름을 지니고 애굽으로 갑니다. 그분의 언약백성을 어둠에서 빛으로, 사망에서 생명으로, 거짓에서 진실로 구원하고자.

| 말씀체험 | 여호와, 나는 스스로 너와 함께 있다 | { 하나님 스스로 전하는 자신의 이름과 존재는 '여호와'입니다. "여호와, 나는 스스로 너와 함께 있다"는 하나님의 약속과 동행에 감사하며, 6가지 단어로 깃발을 만드는 말씀체험입니다. }

미리 준비하기

1 6가지 단어로 깃발을 만들고, 6가지 단어를 쓴다. 6가지 단어에 종이 테이프를 붙인다.

· 6가지 단어 : '여호와, 나는, 스스로, 너와, 함께, 있다'

2 두꺼운 도화지에 불꽃모양 틀을 오린다.

진행하기

3 조별로 불꽃모양 틀과 투명테이프 단어가 붙은 깃발을 나눠준다. 깃발을 나눠줄 때 어떤 단어인지 이야기한다.

· 하나님의 이름과 존재는 '여호와'이며, 의미는 "여호와, 나는 스스로 너와 함께 있다"이다. 하나님의 이름과 존재, 그것의 의미를 알려준다.
· 만드는 과정이 조금 복잡하지만, 서로 도우면 얼마든지 할 수 있다.

4 스펀지에 붉은색 아크릴 물감을 묻힌다. 불꽃모양 틀 안을 찍는다.

· 깃발마다 불이 붙은 것처럼 보인다.

✱ 물감은 넓은 접시에 짜서 사용한다.

✱ 책상과 옷에 묻지 않도록 한다. 책상에 큰 비닐을 깐다. 손에 일회용 비닐장갑을 착용한다.

준비물
- 광목천 / 깃발 봉
- 종이테이프 / 두꺼운 도화지
- 스펀지 / 접시
- 아크릴 물감 / 색연필
- 일회용 비닐장갑 / 큰 비닐

더 생각하기
아크릴 물감은 물감의 특성상 다른 물감에 비해 빨리 마릅니다. 더 빨리 말리기 위해 드라이기를 사용 하기도 합니다. 물감 대신 색깔 시트지를 사용해서 간단하게 깃발을 만들 수 있습니다. 깃발을 만들기 어렵다면, 상황에 따라 손쉽게 만들어도 됩니다. 깃발 하나마다 단어 윤곽을 그리고 색연필 등으로 채워도 됩니다. 깃발 하나에 2-3개 단어를 적어도 괜찮습니다.

5 아크릴 물감이 다 굳으면 불꽃모양 틀을 떼어낸다. 단어에 붙어있는 테이프도 떼어낸다.

· 6가지 깃발마다 '여호와, 나는, 스스로, 너와, 함께, 있다'의 단어가 하나씩 보인다.

6 조별로 만든 깃발을 모은다. "여호와 나는 스스로 너와 함께 있다"가 펼쳐진다. 깃발을 높이 들면 더 멋진 장면이 된다. 조별로 6가지 깃발을 들고, 사진을 찍어 소중히 기억한다.

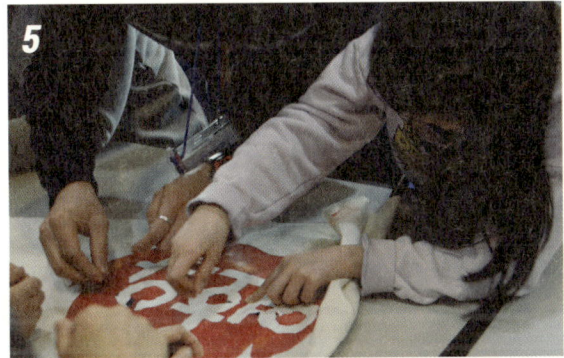

어울리는 찬양 ♪
하나님 함께 하시니 _ 파이디온 선교회

10

홍해에서 구원을 노래하자

이 땅에서 잠시 주어진 삶은 여호와 하나님의 약속을 향한 여행입니다. 희로애락이 가득한 여행이기에 노래와 벗이 함께해야 합니다. 이스라엘 백성은 고단한 광야에서 서로 벗되어 여호와 하나님의 구원을 노래합니다. 홍해를 건너며 흥에 겨워 그분을 찬양합니다. 마음과 뜻과 힘을 다해 하나님을 예배하고, 말씀을 체험합니다.

성경 본문

출애굽기 15장 1-5절

1. 이 때에 모세와 이스라엘 자손이 이 노래로 여호와께 노래하니 일렀으되 내가 여호와를 찬송하리니 그는 높고 영화로우심이요 말과 그 탄 자를 바다에 던지셨음이로다
2. 여호와는 나의 힘이요 노래시며 나의 구원이시로다 그는 나의 하나님이시니 내가 그를 찬송할 것이요 내 아버지의 하나님이시니 내가 그를 높이리로다
3. 여호와는 용사시니 여호와는 그의 이름이시로다
4. 그가 바로의 병거와 그의 군대를 바다에 던지시니 최고의 지휘관들이 홍해에 잠겼고
5. 깊은 물이 그들을 덮으니 그들이 돌처럼 깊음 속에 가라앉았도다

시편 136편 10-16절

10. 애굽의 장자를 치신 이에게 감사하라 그 인자하심이 영원함이로다
11. 이스라엘을 그들 중에서 인도하여 내신 이에게 감사하라 그 인자하심이 영원함이로다
12. 강한 손과 펴신 팔로 인도하여 내신 이에게 감사하라 그 인자하심이 영원함이로다
13. 홍해를 가르신 이에게 감사하라 그 인자하심이 영원함이로다
14. 이스라엘을 그 가운데로 통과하게 하신 이에게 감사하라 그 인자하심이 영원함이로다
15. 바로와 그의 군대를 홍해에 엎드러뜨리신 이에게 감사하라 그 인자하심이 영원함이로다
16. 그의 백성을 인도하여 광야를 통과하게 하신 이에게 감사하라 그 인자하심이 영원함이로다

성경 배경

애굽의 바로왕, 욕심에 취한 세상, 언약백성지도자 모세 모두 '여호와가 누구인지'를 알고 싶어 합니다. 그분을 '어떻게 생각하고, 어떻게 대하느냐'가 삶을 결정합니다.

"그 후에 모세와 아론이 바로에게 가서 이르되 이스라엘의 하나님 여호와께서 이렇게 말씀하시기를 내 백성을 보내라 그러면 그들이 광야에서 내 앞에 절기를 지킬 것이니라 하셨나이다 바로가 이르되 여호와가 누구이기에 내가 그의 목소리를 듣고 이스라엘을 보내겠느냐 나는 여호와를 알지 못하니 이스라엘을 보내지 아니하리라(출5:1-2)"

여호와 하나님은 그들 앞에서 열 가지 이적을 행합니다. 피, 개구리, 이, 파리, 독종, 종기, 우박, 메뚜기, 삼일 간의 어둠, 장자의 죽음으로 당시 세상의 중심이었던 애굽을 심판합니다. 열 가지 모두 애굽의 신(우상)입니다. 이집트 최고의 신은 태양입니다. 아홉 번째로 태양을 어둡게 합니다. 태양보다 더한 우상은 장자입니다. 바로 왕의 장자까지 죽습니다. 애굽의 바로 왕과 세상이 "여호와가 누구이기에(출5:2)"라고 비아냥거리며 물었기에, 심판으로 자신만이 여호와(스스로 있는 자)임을 나타냅니다.

이스라엘 백성은 여호와 하나님의 은혜와 능력으로 애굽에서 탈출합니다. 아브라함에게 약속한 가나안 땅을 향해 믿음의 여행을, 생명과 사명, 계명의 여행을 떠납니다(창17:7-8). 바로 왕은 장자가 죽었는데도 여전히 정신을 못 차립니다. 오히려 분노하며 여호와 하나님의 언약백성을 쫓아옵니다. 광야는 많은 사람이 함께 걷기에 불편하고 힘듭니다. 백성들은 삼일 만에 여호와 하나님과 모세를 원망합니다. 애굽의 노예 생활을 그리워하는 사람도 있습니다. 광야는 그만큼 힘든 땅입니다.

엎친 데 덮친 격으로 홍해가 길을 막습니다. 멀리서 애굽 군대가 달려오는 소리가 들립니다. 얼마나 무섭고, 얼마나 답답하고, 얼마나 슬펐을까요. 여호와 하나님은 앞뒤가 막혀있는 홍해 앞에서 다시 '자신만이 여호와임'을 바로 왕과 세상과 그의 백성에게 보입니다. 여호와의 구름기둥이 애굽 군대를 덮쳐 시간을 벌어줍니다. 그때, 모세가 지팡이를 든 손을 홍해 위로 내밉니다. 밤새, 천천히 홍해가 갈라집니다. 참으로 멋진 장면입니다.

더 놀라운 건 홍해 바닥이 갯벌이 아니라는 것입니다. 그들은 마른 땅을 건넙니다. 이집트 군대도 홍해 안으로 들어옵니다. 이스라엘 백성이 다 건너자 홍해가 매워집니다. 이집트 군대는 흐르는 홍해와 함께 함께 사라집니다. 원망하고 투덜거리던 언약백성, 여호와 하나님의 심판과 구원을, 여호와만이 유일하고 참된 하나님임을 다시 노래합니다.

| 말씀체험 | 홍해에서 구원을 노래하자

> "여호와, 나는 스스로 너와 함께 있다"는 약속을 믿고 홍해를 건너며 여호와 하나님의 구원을 노래하는 말씀체험입니다.

미리 준비하기

1 예배 전 날 홍해를 만든다. 갈라진 홍해의 단면을 표현한다.

- 복도가 있다면 양쪽에 파란색 비닐봉투를 이용하여 바다속 모양으로 붙인다. 그 위에 물고기와 해조류 모형을 붙인다.

* 이스라엘 백성이 홍해를 건널 때, 홍해 단면이 수족관처럼 보였을 것이다.

2 말씀체험을 진행할 때, "홍해야! 갈라져라"를 외치면 서서히 바닷길이 열리도록 준비한다.

- 갈라지기 전, 막힌 담과 같은 홍해를 표현하고자 파란색 플라스틱으로 복도를 막는다.

진행하기

3 조별로 지난 주에 만들었던 깃발(여호와 나는 스스로 너와 함께 있다)을 들고 복도에 나온다.

4 막힌 벽 같은 홍해 앞에서 "홍해야! 갈려져라!"를 크게 외친다. 플라스틱 벽 뒤에 있는 교사가 천천히 홍해를 연다.

- 한 마음과 목소리로 크게 외쳐야 열린다. 목소리가 작거나 마음이 모이지 않았다면 홍해를 열지 않는다.
- 서서히 벽이 열리고, 갈라진 홍해가 펼쳐진다.

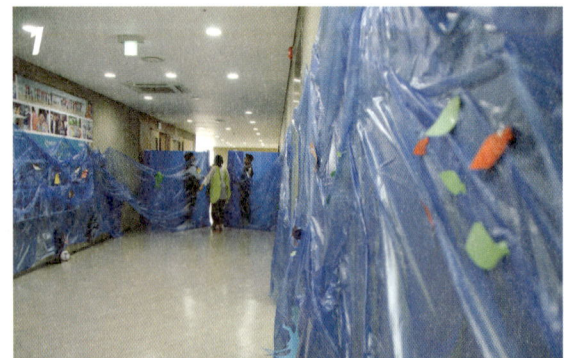

| 준비물 | 파란 비닐
파란색 플라스틱
물고기와 해조류 모형
깃발(여호와 나는 스스로 너와 함께 있다) | 더 생각하기 | 벽면에 붙인 비닐을 손으로 뜯어 먹으면 매우 위험합니다. 비닐로 꾸민 홍해를 지나갈 때 비닐을 뜯어 먹지 않는지 지켜봅니다. 홍해를 건널 때 바다소리를 함께 들려주면 활동이 더 풍성해집니다. |

5 깃발을 흔들며 홍해를 건넌다.

- 여호와 하나님을 노래한다. 이름을 넣으면 더 좋다.
- "여호와를 노래하라, 여호와는 나의 힘, 여호와는 나의 노래, 여호와는 나의 구원, 여호와는 나의 사랑"

6 갈라진 홍해를 건널 때는 최대한 천천히 걷는다. 마치 수족관에 온 것처럼, 벽에 꾸민 홍해 단면을 만지면서 이동한다.

- 여호와 하나님의 놀라운 구원 이야기를, 이스라엘 백성들이 마른 땅을 걷게 한 놀라운 이야기를 나눈다.

7 홍해를 건넌 후, 조별로 사진을 찍어 소중히 기억한다.

어울리는 찬양 ♪ 하나님이시여_ 소리엘

| 말씀 체험 | 홍해에서 구원을 노래하자

2 "여호와, 나는 스스로 너와 함께 있다"는 약속을 믿으며, 홍해를 건너며 여호와 하나님의 구원을 노래하는 말씀체험입니다.

미리 준비하기

1 예배 전에 홍해를 만든다. 예배실 중앙에 갈라진 홍해를 표현한다.

- 홍해 단면처럼 파란 비닐을 말아서 양쪽에 세운다(높지 않아도 됨).
- 파란 비닐에 물고기와 해조류를 붙인다.

2 홍해 너머 있는 거친 길을 표현하고자 지압판을 깔아 놓는다.

- 갈라진 홍해 길은 마른 땅이다. 땅 색깔과 비슷한 매트를 파란 비닐 사이에 깐다. 홍해를 건넌 후에도 거친 광야 길은 이어진다.

진행하기

3 조별로 지난 주에 만들었던 깃발(여호와 나는 스스로 너와 함께 있다)을 들고 예배실 중앙으로 나온다. 홍해 앞에 서서, 한 마음과 목소리로 "홍해야! 갈려져라!"를 외친다.

4 깃발을 흔들며 홍해를 건넌다. 여호와 하나님을 노래한다.

- "여호와를 노래하라, 여호와는 나의 힘, 여호와는 나의 노래, 여호와는 나의 구원, 여호와는 나의 사랑"

✱ 이름을 넣으면 더 좋다. "여호와를 노래하라, 여호와는 OO의 힘, 여호와는 OO의 노래, 여호와는 OO의 구원, 여호와는 OO의 사랑"

준비물
- 파란 비닐 / 지압판
- 물고기와 해조류 모형
- 깃발(여호와 나는 스스로 너와 함께 있다)

더 생각하기
광야 길의 어려움을 체험하고자 그물망 통과하기, 평균대 걸어가기, 매트 넘어가기 등의 활동을 추가할 수 있습니다.

5 갈라진 홍해를 건널 때는 최대한 천천히 걷는다.

· 여호와 하나님의 놀라운 구원 이야기를, 이스라엘 백성들이 마른 땅을 걷게 한 놀라운 이야기를 나눈다.

6 홍해를 건넌다고 광야 길이 끝나거나, 쉬워지지 않는다. 또 다른 어려움이 있다. 이것을 의미하는 지압판을 천천히 걷는다.

· 처음부터 양말을 벗고 하는 게 좋다.
· 휠체어를 사용하는 친구들은 손으로 만져보게 한다.

7 지압판까지 건넌 후 사진을 찍어 소중히 기억한다.

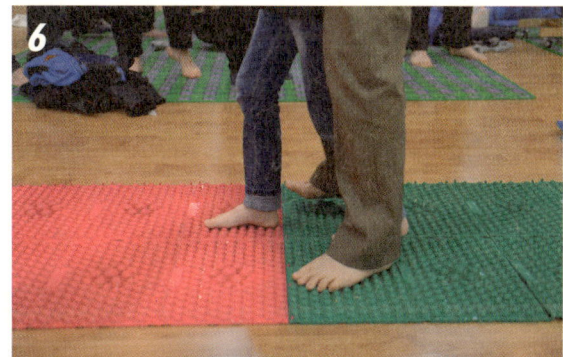

11

여호와 하나님과
열 가지 약속을 맺자

여호와 하나님은 생명과 사명(왜 살아야 하는지)을 가진 언약백성에게 계명(어떻게 살아야 하는지)을 알려줍니다. 그분과 이스라엘 백성이 시내산에서 맺은 약속에는 하나님과 나와 이웃을 향한 바른 사랑이 담겨 있습니다. 우리사랑과 더불어 샬롬입니다. 마음과 뜻과 힘을 다해 하나님을 예배하고, 말씀을 체험합니다.

성경 본문

출애굽기 20장 1-3절

1. 하나님이 이 모든 말씀으로 말씀하여 이르시되
2. 나는 너를 애굽 땅, 종 되었던 집에서 인도하여 낸 네 하나님 여호와니라
3. 너는 나 외에는 다른 신들을 네게 두지 말라

출애굽기 20장 18-20절

18. 뭇 백성이 우레와 번개와 나팔 소리와 산의 연기를 본지라 그들이 볼 때에 떨며 멀리 서서
19. 모세에게 이르되 당신이 우리에게 말씀하소서 우리가 들으리이다 하나님이 우리에게 말씀하시지 말게 하소서 우리가 죽을까 하나이다
20. 모세가 백성에게 이르되 두려워하지 말라 하나님이 임하심은 너희를 시험하고 너희로 경외하여 범죄하지 않게 하려 하심이니라

성경 배경

여호와 하나님은 시내산, 떨기나무 앞에서 모세에게 약속했습니다. 시내산은 광야에 있는 많은 산 중의 하나가 아닙니다. 여호와 하나님이 자신의 구원, 심판과 회복, 사랑과 정의, 안식과 안녕을 드러내는 약속의 산입니다. 그분은 애굽에 있는 자기 백성의 고통을 분명히 보고 들었으며 그들을 건져내고, 젖과 꿀이 흐르는 땅으로 데려가겠다고 말씀합니다. 반드시 모세와 함께 언약백성을 인도하여 이 산에서 자신을 섬기게 하겠다고 약속합니다(출3:7-12).

여호와 하나님은 떨기나무 같은 모세에게 약속을 지켰습니다. 이스라엘 백성은 어둠에서 빛으로, 사망에서 생명으로, 거짓에서 진실로 구원을 받았습니다. 마음과 뜻과 힘을 다해 여호와 하나님을 찬양했습니다. 홍해가 갈라지고, 메추라기와 만나를 먹었습니다. 바위가 갈라지더니 샘이 솟아났으며 쓴 물이 달게 변했습니다. 무서운 이방민족과 싸워 이겼습니다. 기적을 한두 번 경험하면, 더 큰 것을 바라기 마련입니다.

사람의 마음은 쉽게 만족하지 않습니다. 이스라엘 백성에게 중요한 것은 구원 받은 백성으로 사는 삶입니다. 삶의 현장에서 어둠이 아닌 빛을, 사망이 아닌 생명을, 거짓이 아닌 진실을 구체적으로 선택하는 것입니다. 자기 욕심에 취해 빛과 생명과 진실을 버리고, 여호와라는 참 하나님을 잊고, 거짓된 신을 따르는 세상과 구별되어야 합니다.

죄와 욕심을 떠나지 않으면 거룩에 닿을 수 없습니다. 여호와 하나님은 약속의 산에서 "나는 너희의 하나님이 되려고 너희를 애굽 땅에서 인도하여 낸 여호와라 내가 거룩하니 너희도 거룩

할지어다(레11:45)"고 전합니다. 거룩을 향한 구별을 위해, 사랑과 정의를 희망하는 삶을 위해 여호와 하나님은 언약백성과 구체적인 약속을 맺습니다. 그것이 십계명입니다. 십계명은 일방적인 명령이 아닌 믿음과 소망과 사랑이 가득한 약속이자 기대입니다.

우리는 지키고 싶은 사람과 사랑이 있을 때 약속합니다. 그분도 사랑으로 우리에게 먼저 약속합니다. 유대교 1계명은 "너는 나 외에는 다른 신들을 네게 두지 말라(출20:3)"가 아닌, "나는 너를 애굽 땅, 종 되었던 집에서 인도하여 낸 네 하나님 여호와니라(출20:2)"입니다. 여호와 하나님과 언약백성이 맺은 영원한 첫 번째 약속은 "나는 네 하나님 여호와다"입니다.

그 약속은 아무리 힘겨워도 포기하지 않고, 마음과 뜻과 힘을 다해 관계를 지키겠다는 열심입니다. 그분의 언약 안에서 우리도 약속합니다. 여호와 외에는 다른 하나님을 두지 않고, 나를 위해 우상을 만들지 않고, 내 하나님 여호와의 이름을 함부로 부르지 않고, 안식일을 거룩하게 지키고, 부모를 사랑하고, 살인하지 않겠다고, 간음하지 않으며, 도둑질하지 않고, 이웃을 질투하지 않겠다고, 이웃의 것을 탐내지 않겠다고 약속합니다. 그분과 나와 이웃을 참되게 사랑하며, 세상과 구별된 삶을 살아야 합니다. 십계명을 명령이 아닌 약속으로, 의무가 아닌 권리로 여기면 좋겠습니다.

| 말씀 체험 | # 여호와 하나님과 열 가지 약속을 맺자

> 십계명은 일방적인 명령이 아닌 하나님과 언약백성이 맺은 열 가지 약속입니다. 약속을 소중히 기억하고 지키고자, 우리 손으로 십계명판을 만드는 말씀체험입니다.

미리 준비하기

1 기존 십계명을 쉽게 표현하고, 중요한 단어를 고른다.

2 A3 용지에 색칠용 테두리 글자를 적는다.

- 여호와, 하나님과, 맺은, 열가지, 약속
  하나. 하나님이 최고입니다. → 하나님, 최고
  둘. 하나님만 예배합니다. → 하나님만, 예배
  셋. 하나님 이름을 소중히 부릅니다. → 하나님, 이름, 소중히
  넷. 하나님 안식을 기억합니다. → 하나님, 안식, 기억
  다섯. 부모님을 사랑합니다. → 부모님, 사랑
  여섯. 사람에게 상처주지 않습니다. → 상처, 주지, 않기
  일곱. 가정을 파괴하지 않습니다. → 가정, 파괴, 하지 않기
  여덟. 도둑질하지 않습니다. → 도둑질, 안돼
  아홉. 거짓말하지 않습니다. → 거짓말, 안돼
  열. 이웃 물건을 탐내지 않습니다. → 이웃, 질투, 하지, 않아

진행하기

3 종이에 십계명 단어를 테두리 글자로 적는다. 조별로 종이를 나눠준다. 테두리 글자와 바탕을 자유롭게 칠한다.

4 십계명 단어 뒷면에 양면테이프를 붙인다.

- 진행하는 내내 '약속의 의미'를 이야기한다.

| 준비물 | 갈색 전지(십계명 돌판)
흰색 A3 용지
색연필 / 매직
양면테이프 | 더 생각하기 | 색칠을 열심히 하는데 테두리 선을 벗어나 글자를 알아볼 수 없을 정도로 칠하는 친구가 있습니다. 그럴 땐 즐겁게 칠하도록 격려합니다. 교사가 너무 많은 도움을 주지 않습니다. 글자를 알아보기 어렵게 칠했다면, 교사가 글자 모양으로 오립니다. 꼼꼼하게 칠해진 글자가 될 것입니다. 글자를 색칠하기 어렵다면 스텐실 기법을 이용할 수 있습니다. |

5 갈색 전지를 커다란 돌판 모양으로 만들어 벽에 붙인다. 이제 '여호와 하나님과 맺은 열 가지 약속'을 붙여 하나로 연결한다.

6 설교자가 십계명 단어를 이야기하면, 이를 꾸민 친구들과 교사가 순서대로 나와서 붙인다. 돌판을 의미하는 전지에 열 가지 약속을 하나씩 채운다.

· 시간이 걸려도 스스로 붙이게 한다.
· 십계명 단어를 다 연결하면, 하나부터 열까지 같이 읽는다.

7 우리 손으로 꾸미고, 고백한 '여호와 하나님과 맺은 열 가지 약속' 앞에서 사진을 찍어 소중히 기억한다.

어울리는 찬양 ♪ 🎵 10가지 약속(십계명)_ 노아(노래하는 아이들)

12

우리의 죄악, 멀리 떠나 보내자

🪶 여호와 하나님과 맺은 약속은 우리사랑과 더불어 샬롬을 향합니다. 약속 안에 살며 사랑하고 싶지만, 마음처럼 되지 않습니다. 실패해서 실망할 때도 많습니다. 다시 시작할 수 있는 것은 여호와 하나님의 긍휼과 자비, 믿음 때문입니다. 그분의 약속은 그분의 용서와 은혜, 열심 안에 있습니다. 마음과 뜻과 힘을 다해 하나님을 예배하고, 말씀을 체험합니다.

성경 본문

레위기 16장 6-10절

6. 아론은 자기를 위한 속죄제의 수송아지를 드리되 자기와 집안을 위하여 속죄하고
7. 또 그 두 염소를 가지고 회막 문 여호와 앞에 두고
8. 두 염소를 위하여 제비 뽑되 한 제비는 여호와를 위하고 한 제비는 아사셀을 위하여 할지며
9. 아론은 여호와를 위하여 제비 뽑은 염소를 속죄제로 드리고
10. 아사셀을 위하여 제비 뽑은 염소는 산 채로 여호와 앞에 두었다가 그것으로 속죄하고 아사셀을 위하여 광야로 보낼지니라

레위기 16장 21-22절

21. 아론은 그의 두 손으로 살아 있는 염소의 머리에 안수하여 이스라엘 자손의 모든 불의와 그 범한 모든 죄를 아뢰고 그 죄를 염소의 머리에 두어 미리 정한 사람에게 맡겨 광야로 보낼지니
22. 염소가 그들의 모든 불의를 지고 접근하기 어려운 땅에 이르거든 그는 그 염소를 광야에 놓을지니라

성경 배경

여호와 하나님과 맺은 약속은 하나님 나라 백성으로 살아가는 길과 진리와 생명입니다. 지금 여기에서 샬롬을 누리고, 나누고 싶지만 잘 되지 않습니다. 사람 마음처럼 되지 않는 것도 없습니다. 예언자 예레미야는 욕심으로 가득한 인간의 마음이 여호와 하나님을 얼마나 힘들게 하는지 보았습니다. 그는 "만물보다 거짓되고 심히 부패한 것은 마음이라 누가 능히 이를 알리요마는 나 여호와는 심장을 살피며 폐부를 시험하고 각각 그의 행위와 그의 행실대로 보응하나니(렘17:9-10)"라고 이야기합니다.

여호와 하나님은 언약백성을 쉽게 포기하지 않습니다. 실패하고 실망하더라도 죄를 깨닫고 돌아오기를, 다시 시작하기를 희망합니다. 죄와 욕심을 향해 진노하되 그것을 오래 품지 않습니다. 예언자 미가는 "주와 같은 신이 어디 있으리이까 주께서는 죄악과 그 기업에 남은 자의 허물을 사유하시며 인애를 기뻐하시므로 진노를 오래 품지 아니하시나이다 다시 우리를 불쌍히 여기셔서 우리의 죄악을 발로 밟으시고 우리의 모든 죄를 깊은 바다에 던지시리이다(미7:18-19)"라고 이야기합니다.

여호와와 같은 신이 없는 것은 언약백성 스스로 용서 받을 수 있는 길을 마련해주셨기 때문입니다. 바로 일 년에 한 번, 유대력 7월 10일에 지키는 속죄일입니다. 그분의 자비와 긍휼, 용서와 은혜를 깊이 깨달아 자신의 죄와 욕심을 회개하는 날입니다. 대제사장은 권위를 의미하는 화려한 옷을 벗고, 겸손을 의미하는 하얀 세마포 옷으로 갈아입습니다.

속죄일에는 이스라엘 백성의 죄를 대신 책임질 염소 두 마리를 정하고 그 중 하나를 여호와께 드립니다. 이스라엘 백성의 죄와 욕심을 염소에게 넘깁니다. 죄를 짊어진 염소를 죽인 후 그 피를 가지고, 성소를 지나 지성소 안에 들어갑니다. 여호와 하나님과 맺은 약속이 들어있는 언약궤에 뿌립니다. 이스라엘 백성의 죄와 욕심으로 오염된 성소와 지성소를 그 피로 깨끗하게 하는 것입니다.

다른 하나는 아사셀(떠나보내는 염소)을 위해 드립니다. 대제사장은 이스라엘 백성이 일 년 동안 지은 죄와 욕심을 염소 머리에 넘깁니다. 자신의 죄와 욕심을 염소가 대신 책임지는 것이 당연한 일은 아닙니다. 염소에게 미안하고, 고마운 일입니다. 미리 정해진 사람이 염소를 데리고 유대 광야로 나갑니다. 사람이 더 이상 걸어갈 수 없는 곳까지 가서, 염소를 두고 옵니다. 염소는 굶어죽거나, 맹수에게 잡혀 죽습니다.

염소를 절벽에 떨어뜨리기도 합니다. 아무런 잘못 없는 염소가 언약백성의 죄와 욕심을 짊어지고, 억울하게 대신 죽습니다. 여호와 하나님은 아사셀의 죽음을 통해 언약백성을 용서합니다. 언약백성이 다시 여호와 하나님의 약속 앞에 서서 우리사랑과 더불어 샬롬을 바라게 합니다. 여호와 하나님의 용서를 당연하다고 여기면 안 됩니다. 그날의 아사셀에게도, 오늘의 예수 그리스도에게도 미안한 마음과 고마운 마음을 지니면 좋겠습니다. 충분히 회개한 자만이 바르게 감사할 수 있습니다.

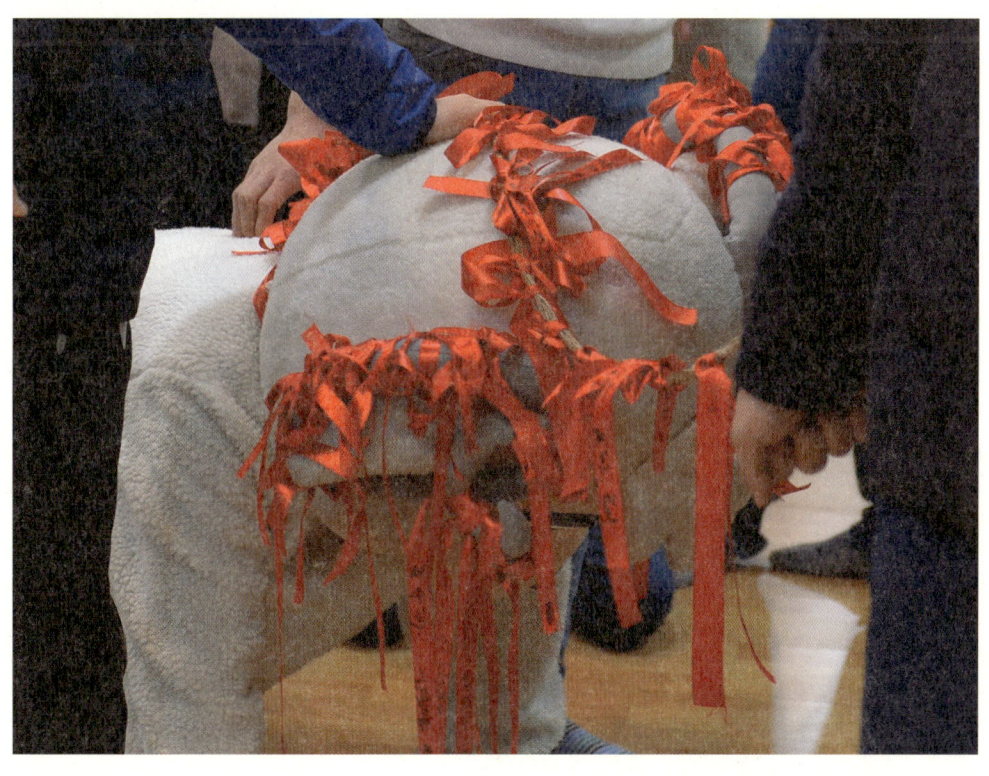

말씀 체험 | 우리의 죄악, 멀리 떠나 보내자

> 아사셀은 '언약백성의 죄를 짊어지고 멀리 떠나가서 죽는 염소'입니다. 아사셀을 상징하는 염소탈 인형에 우리의 욕심을 상징하는 붉은색 끈을 묶어 멀리 떠나보내는 말씀체험입니다.

미리 준비하기

1 지난 주에 맺은 '여호와 하나님과 맺은 열가지 약속'을 잘 지켰는지 이야기한다. 잘 지키지 못했다면, 죄를 상징하는 붉은색 끈에 이름을 적고 팔에 묶는다.

· 모든 친구와 교사가 붉은색 끈을 묶은 채 예배를 시작한다.

2 예배실 밖에서 교사가 염소탈인형을 쓰고 준비한다. 다른 교사는 흰 가운을 입는다. 염소탈인형에 끈을 매달고 대기한다.

✱ 염소탈인형은 인형대여업체에서 빌릴 수 있다. 양탈인형으로 해도 된다.

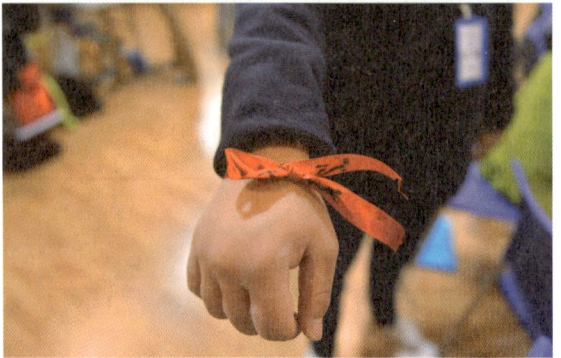

진행하기

3 설교자가 아래와 같이 말하면 예배실 문이 열린다.
" '여호와 하나님과 맺은 열가지 약속'을 지키지 않는 사람은 예배드릴 수 없다. 그러나 그분은 우리가 용서받을 수 있는 길을 알려주었다. 우리 죄와 욕심을 염소에게 넘기면 된다."를 외친다.

4 흰 가운을 입은 사람이 아사셀(떠나 보내는 염소)을 데리고 들어온다.

✱ 아사셀 목에 맨 끈을 잡고 앞으로 나온다.

준비물	염소탈인형(대여) 붉은색 끈 네임펜 흰 가운(성가대복)	더 생각하기	인형탈을 무서워하는 친구가 있습니다. 억지로 참여시키지 않습니다. 작은 인형이나 얼굴에 쓰는 가면을 사용해도 됩니다. 아사셀 머리에 끈을 묶는 활동이 어렵다면, 끈의 끝 부분과 탈의 일부분을 벨크로 테이프(보슬이와 까슬이)로 연결합니다. 긴 끈이나 리본을 입에 넣거나 목에 묶으면 위험합니다. 주의해서 진행합니다.

5 조별로 아사셀 앞으로 나온다. 자신의 팔에 묶었던 붉은색 끈(죄와 욕심)을 아사셀 머리에 묶는다.

- 아사셀이 듣도록 "염소야, 미안하고 고마워", "내가 잘못했는데 네가 책임지는구나" 등을 이야기한다.
- 모든 친구와 교사가 약속을 어기고 욕심 부리며 살았던 죄를 회개한다.
- 아사셀 머리를 쓰다듬으며, 미안한 마음을 충분히 표현한다.

6 아사셀이 멀리 떠나가도록 대열을 만든다.

- 한 사람과 함께 천천히 떠나가는 아사셀을 보면서 "염소야, 미안하고 고마워", "우리의 죄악, 다시는 돌아오지 마라" 등을 이야기한다.

7 모두 예배실 문 앞에 모여 아사셀을 예배실 밖으로 떠나 보낸다.

- 영원한 아사셀이 되어 우리 죄와 욕심을 영원히 책임진 예수 그리스도를 생각한다. 다같이 감사 기도를 드린다.

어울리는 찬양 ♪ 마음을 청소해요_ 파이디온 선교회

13

여호와의 복과 얼굴과 평강을 전하자

―

여호와의 얼굴은 광야 길을 걷는 이스라엘 백성을 향합니다. 그분은 자신의 복으로, 은혜와 평강으로 그들과 함께하길 원합니다. 언제나 어디서나 그분의 얼굴이 우리를 향하고 있음을 기억하면 좋겠습니다. 마음과 뜻과 힘을 다해 하나님을 예배하고, 말씀을 체험합니다.

민수기 6장 22-27절

22. 여호와께서 모세에게 말씀하여 이르시되
23. 아론과 그의 아들들에게 말하여 이르기를 너희는 이스라엘 자손을 위하여 이렇게 축복하여 이르되
24. 여호와는 네게 복을 주시고 너를 지키시기를 원하며
25. 여호와는 그의 얼굴을 네게 비추사 은혜 베푸시기를 원하며
26. 여호와는 그 얼굴을 네게로 향하여 드사 평강 주시기를 원하노라 할지니라 하라
27. 그들은 이같이 내 이름으로 이스라엘 자손에게 축복할지니 내가 그들에게 복을 주리라

이스라엘 백성은 애굽에서 여호와 하나님의 심판과 구원을 경험합니다. 소중한 생명을 지닌 채 탈출하였고, 고된 광야에서도 여러 기적을 경험합니다. 두 달 정도 지나 약속의 산에 도착합니다. 여호와 하나님은 그들에게 사명, 곧 '왜 살아야 하는지'를 알려줍니다. "세계가 다 내게 속하였나니 너희가 내 말을 잘 듣고 내 언약을 지키면 너희는 모든 민족 중에서 내 소유가 되겠고 너희가 내게 대하여 제사장 나라가 되며 거룩한 백성이 되리라 너는 이 말을 이스라엘 자손에게 전할지니라(출19:5-6)"

그리고 계명, 곧 '어떻게 살아야 하는지'를 알려줍니다. 언약백성의 생명과 사명, 계명이 하나로 어루어집니다. "나는 너를 애굽 땅, 종 되었던 집에서 인도하여 낸 네 하나님 여호와니라(출20:2)"라는 영원한 언약 안에서, "우리도 하나님 외에는 다른 신을 믿지 않겠습니다(출20:3)" 등의 약속을 맺습니다. 그리고 이스라엘 백성은 다시 광야로 향합니다. 광야를 거치지 않고서는 약속의 땅을 밟을 수 없습니다.

이스라엘 백성은 성막을 세우고, 두 번째 유월절을 지키고, 인구를 세고, 예물을 드리고, 레위인을 구별하고, 나실인을 세웁니다(민1-11). 십계명이 들어있는 약속의 상자(언약궤)가 맨 앞에 섭니다. 레위지파와 12지파가 자신이 있어야 할 자리에 섭니다. 출발 신호만 떨어지면 됩니다. 그것은 하늘과 땅을 울리는 우렁찬 나팔소리가 아닙니다. 여호와 하나님의 복과 얼굴과 은혜와 평강을 구하는 대제사장 아론의 축복기도입니다.

그분의 얼굴이 언약백성을 향하고 있다는, 그분의 얼굴빛이 그들을 비추고 있다는 희망입니다. 대제사장 아론이 60만3천5백5십 명(20세 이상 남자만) 앞에 섭니다. 앞으로 무슨 일을 겪게 될지 아무도 모릅니다. 언제 어디서나 여호와 하나님이 자신의 백성과 함께한다는 것을 압

니다. 이스라엘 백성은 두려움과 설렘으로 가득합니다. 원래 광야에는 길이 없습니다. 사람이 더불어 걸으면, 그 발걸음이 이어지면 길이 됩니다.

다시 광야로 떠나기 전, 대제사장 아론이 차분한 목소리로 여호와 하나님의 복을 전합니다. 이스라엘 백성은 떨리는 심정으로 그분의 복과 얼굴, 은혜와 평강을 바랍니다. 아론의 기도는 길이 없는 광야에 세운 이정표입니다. 그래서 고단한 길을 걸으면서도 하늘을 향해 고개를 들 수 있습니다. 시편 기자의 노래처럼 즐겁게 소리칠 줄 아는 백성은 주의 얼굴 빛 안에서 다닙니다. 우리도 종일 주의 이름 덕분에 기뻐하며 주의 공의를 바라면 좋겠습니다.

"즐겁게 소리칠 줄 아는 백성은 복이 있나니 여호와여 그들이 주의 얼굴 빛 안에서 다니리로다 그들은 종일 주의 이름 때문에 기뻐하며 주의 공의로 말미암아 높아지오니 주는 그들의 힘의 영광이심이라 우리의 뿔이 주의 은총으로 높아지오니 우리의 방패는 여호와께 속하였고 우리의 왕은 이스라엘의 거룩한 이에게 속하였기 때문이니이다(시89:15-18)"

말씀 체험 | 여호와의 복과 얼굴과 평강을 전하자

{ 아론의 축복기도 중에서 중요한 표현으로 나무명찰 목걸이를 만듭니다. 서로의 목에 걸어주며 여호와의 복과 얼굴과 평강을 전하는, 언제 어디서나 우리를 향하는 그분의 얼굴을 기억하는 말씀체험입니다.

미리 준비하기

1 나무패 구멍에 끈을 묶어 목걸이를 만든다. 천연나무 조각과 리본을 나무패에 접착제로 붙인다.

· 나무명찰 목걸이 세트를 구입하거나 비슷한 재료로 준비한다.

✱ 접착제로 붙이는 활동은 안전을 위해 미리 준비한다.

진행하기

2 천연나무 조각에 친구들 얼굴을 재미있게 그린 후 이름을 적는다.

· 여호와 하나님의 얼굴이 우리를 향하고 있다고 이야기한다.

3 아론의 축복기도 중에서 중요한 단어를 나무패 뒤에 적는다.

· 여호와 (하트모양) 친구 이름
· 복, 지킴, 얼굴, 비춤, 은혜, 평강

| 준비물 | 나무명찰 목걸이 세트(나무패, 천연나무 조각, 리본, 목걸이 끈) / 접착제 / 네임펜 | 더 생각하기 | 천연나무 조각에 친구 얼굴을 그리는 방법 외에도 풍풍이, 눈알, 털실 등 다양한 오브제(생활에 쓰이는 갖가지 다양한 물건)를 붙여 표현할 수 있습니다. 친구 얼굴 사진을 미리 준비하여 프린트 한 뒤 코팅해서 붙여도 좋습니다. |

4 '우리와 언제나 함께한다는 하나님의 약속'을 이야기한다.

· 작은 것 하나라도 친구가 참여하도록 응원하고 함께하며 기다린다.

5 여호와 하나님 얼굴과 약속이 우리 얼굴과 일상을 향하고 있다고 이야기하며, 목에 목걸이를 걸어준다.

· 나무패에 쓴 단어와 아론의 축복기도문으로 응원한다.

6 목걸이를 들고 친구들과 사진을 찍어 소중히 기억한다.

어울리는 찬양 ♪ 여호와는 네게 복을(아론의 축복) _ 복음성가

14

약속 따라
같이 걷고 같이 쉬자

약속은 하는 것만큼 지키는 것이 중요합니다. 시내산에서 여호와 하나님과 맺은 열 가지 약속도 마찬가지입니다. 우리사랑과 더불어 샬롬을 향한 희망이 광야 길의 이정표입니다. 광야에서 그랬던 것처럼 약속 따라 같이 걷고 같이 쉬면 좋겠습니다. 마음과 뜻과 힘을 다해 하나님을 예배하고, 말씀을 체험합니다.

성경 본문

민수기 10장 11-13절

11. 둘째 해 둘째 달 스무날에 구름이 증거의 성막에서 떠오르매
12. 이스라엘 자손이 시내 광야에서 출발하여 자기 길을 가더니 바란 광야에 구름이 머무니라
13. 이와 같이 그들이 여호와께서 모세에게 명령하신 것을 따라 행진하기를 시작하였는데

민수기 10장 33-36절

33. 그들이 여호와의 산에서 떠나 삼 일 길을 갈 때에 여호와의 언약궤가 그 삼 일 길에 앞서 가며 그들의 쉴 곳을 찾았고
34. 그들이 진영을 떠날 때에 낮에는 여호와의 구름이 그 위에 덮였었더라
35. 궤가 떠날 때에는 모세가 말하되 여호와여 일어나사 주의 대적들을 흩으시고 주를 미워하는 자가 주 앞에서 도망하게 하소서 하였고
36. 궤가 쉴 때에는 말하되 여호와여 이스라엘 종족들에게로 돌아오소서 하였더라

성경 배경

이스라엘 백성은 출애굽 이후 1년여 만에 약속의 산에 도착했습니다. 여호와 하나님은 약속의 산에서 두 달 동안 십계명과 여러 율법을 주었습니다. 율법은 히브리어로 '토라'입니다. 우리말로 '교훈, 가르침'이라는 뜻입니다. 생명과 사명을 가진 언약백성에게 어떻게 살아야 하는지를 알려주는 이정표입니다. 기적이 있다 해도 겪어야만 하는 고됨이 있습니다. 고됨이 있다 해도 따를 말씀이 있습니다. 이제 약속의 땅을 향해 약속의 산을 떠납니다.

기적과 고됨과 말씀이 계속 이어질 것입니다. 하루도 빠짐없이 셋이 어우러질 것입니다. 여호와 하나님은 여기에 하나가 더해지길 원합니다. 그것은 바로 언약백성의 믿음입니다. 언약의 하나님 여호와가 '나를 알고 함께하고 인도한다'는 믿음입니다. 그래서 그분은 대제사장 아론을 통해 믿음을 촉구합니다. 이것이 '아론의 축복기도'입니다. 아론은 여호와 하나님의 얼굴을 구하며 이스라엘 백성에게 복과 은혜, 평강을 전합니다(민6:24-26).

약속의 산을 떠날 준비, 이제 마쳤습니다. 멀고 거친 광야를 지나 여호와 하나님이 아브라함에게 약속한 땅으로 갑니다. 광야에는 걸을만한 길, 오름직한 동산, 푸른 초장, 쉴만한 물가가 없습니다. 여호와 하나님은 그들이 길을 잃고 헤매지 않도록 언약궤를 따라 걷게 합니다. 언약궤에는 여호와 하나님과 이스라엘 백성이 맺은 사랑과 정의의 약속이 담겨 있습니다. 이를 실천할 때 더불어 샬롬을 누릴 수 있습니다.

여호와의 언약궤는 삼일 길을 먼저 가서 쉴(진을 칠) 곳을 찾습니다(민10:33). 멀리서도 잘 보이도록 낮에는 구름기둥이, 밤에는 불기둥이 언약궤 위에 떠오릅니다. 그들은 약속의 땅에 도착할 때까지 언약궤 위에 떠오른 두 가지 기둥을 따라 걷습니다. 아론이 축복 기도하고, 제사장이 나팔을 힘껏 붑니다. 이백만 명이 넘는 이스라엘 백성이 약속의 산을 떠나 광야에 들어갑니다. 처음 걸음을 뗄 때 얼마나 감격스러웠을까요.

모세는 언약궤가 진을 떠날 때 "여호와여 일어나사 주의 대적들을 흩으시고 주를 미워하는 자가 주 앞에서 도망하게 하소서(민10:35)"라고 외칩니다. 궤가 쉴 때 "여호와여 이스라엘 종족들에게로 돌아오소서(민10:36)"라고 외칩니다. 모세를 따라 모두 함께 외쳤을 것입니다. 아마도 그 때 광야의 하늘과 땅이 흔들렸을 겁니다. 생각만 해도 너무 멋집니다.

처음에 여호와 하나님이 품었던 꿈(우리사랑과 더불어 샬롬), 과연 이스라엘 백성은 그 꿈을 누리며 나눌 수 있을까요. 사랑과 정의의 약속을 따라 같이 걷고, 같이 쉴 수 있을까요. 걱정과 설렘이 가득한 광야 여행, 이제 시작합니다.

| 말씀 체험 | 약속 따라 같이 걷고 같이 쉬자

> 언약궤 안에 여호와 하나님과 맺은 열 가지 약속을 넣습니다. 아론의 축복기도를 힘껏 나눈 후 나팔을 불며 언약궤 따라 행진하는 말씀체험입니다.

미리 준비하기

1 들고 다닐 수 있는 상자 모양으로 언약궤를 만든다.

* 너무 정교하게 만들지 않아도 된다. 언약궤가 약속의 상자라는 의미가 드러나면 충분하다.

진행하기

2 설교자가 언약궤 뚜껑(속죄소)을 열어, 안이 비어 있다는 걸 이야기한다.

* 언약궤는 약속의 상자를 의미한다. 진행하는 내내 이야기한다.

3 2주 전에 만든 '여호와 하나님과 맺은 열 가지 약속'을 십계명 판에서 떼어 온다.

4 다시 약속을 맺는다는 의미로 뒷면에 손가락 도장을 찍고 이름을 적는다.

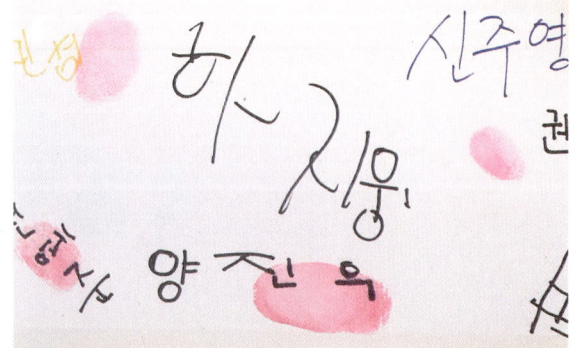

| 준비물 | 언약궤 / 나팔
여호와 하나님과 맺은 열 가지 약속
손가락 도장 찍을 스탬프
색연필 / 사인펜 | 더 생각하기 | 친구마다 선호하는 촉각 자극이 있고, 싫어하는 촉각 자극도 있습니다. 손도장 찍기를 싫어하는 친구가 있다면, 교사가 먼저 시범을 보입니다. 먼저 살짝 만져보게 합니다. 그래도 싫다면 친구 이름을 간단하게 파낸 지우개 도장 등으로 대신합니다. |

5 떼어 온 종이를 약속의 상자 안에 넣는다. 모두 넣은 다음 속죄소를 덮는다.

- 언약궤 안에 십계명 단어를 공손히 넣는다.

6 언약궤를 멘 친구가 맨 앞에 선다. 나팔을 든 친구와 행진할 친구가 차례로 선다. 다 같이 아론의 축복기도를 외친다.

- "여호와는 네게 복을 주시고 너를 지키시기를 원하며 여호와는 그 얼굴을 네게 비추사 은혜 베푸시기를 원하며 여호와는 그 얼굴을 네게로 향하여 드사 평강 주시기를 원하노라(민6:24-26)"

7 나팔을 크게 불면, 언약궤를 맨 친구부터 움직인다.

- 한발 한발 같이 걸어가며, "약속 따라 같이 걷자", "약속 따라 같이 쉬자", "여호와여! 우리와 함께 하소서", "우리도 하나님과 함께 할게요" 등을 외친다. 조장 교사가 먼저 외치면, 조에 속한 친구와 교사가 따라 외친다.

8 언약궤와 함께 사진을 찍어 소중히 기억한다.

어울리는 찬양 ♪ 따르겠어요 _ 파이디온 선교회

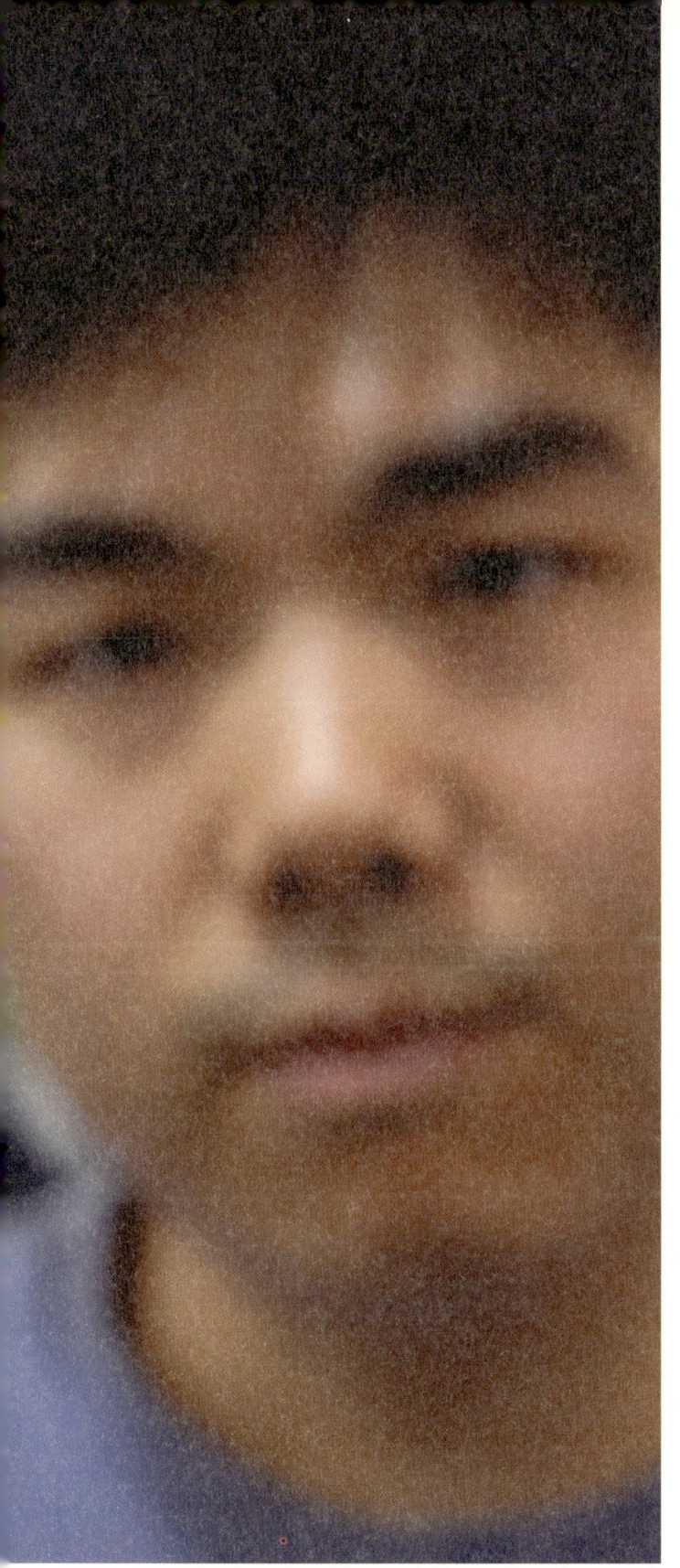

15

들어라 나의 이스라엘아

─

여호와 하나님은 자신의 언약백성이 참된 사랑을 알고 사랑하기까지, 또 더불어 샬롬을 누리며 나누기까지 멈추지 않습니다. 자기 사랑에게서 우리사랑으로 돌이키고자 전심을 다합니다. 우리를 여호와 하나님과 하나 되게 하는 사랑 이야기는 듣는 마음을 가져야만 들을 수 있습니다. 마음과 뜻과 힘을 다해 하나님을 예배하고, 말씀을 체험합니다.

성경 본문

신명기 6장 1-9절

1. 이는 곧 너희의 하나님 여호와께서 너희에게 가르치라고 명하신 명령과 규례와 법도라 너희가 건너가서 차지할 땅에서 행할 것이니
2. 곧 너와 네 아들과 네 손자들이 평생에 네 하나님 여호와를 경외하며 내가 너희에게 명한 그 모든 규례와 명령을 지키게 하기 위한 것이며 또 네 날을 장구하게 하기 위한 것이라
3. 이스라엘아 듣고 삼가 그것을 행하라 그리하면 네가 복을 받고 네 조상들의 하나님 여호와께서 네게 허락하심 같이 젖과 꿀이 흐르는 땅에서 네가 크게 번성하리라
4. 이스라엘아 들으라 우리 하나님 여호와는 오직 유일한 여호와이시니
5. 너는 마음을 다하고 뜻을 다하고 힘을 다하여 네 하나님 여호와를 사랑하라
6. 오늘 내가 네게 명하는 이 말씀을 너는 마음에 새기고
7. 네 자녀에게 부지런히 가르치며 집에 앉았을 때에든지 길을 갈 때에든지 누워 있을 때에든지 일어날 때에든지 이 말씀을 강론할 것이며
8. 너는 또 그것을 네 손목에 매어 기호를 삼으며 네 미간에 붙여 표로 삼고
9. 또 네 집 문설주와 바깥 문에 기록할지니라

성경 배경

여호와 하나님의 언약은 사랑과 정의를 향합니다. 사랑 없는 정의, 정의 없는 사랑은 헛된 허상입니다. 창조주 하나님의 희망은 사랑과 정의가 입 맞출 때야 비로소 이루어집니다. '우리사랑과 더불어 샬롬'이 그것입니다. 그분이 언약백성에게 약속한 땅, 가나안에서 꽃피워야 하는 삶과 신앙, 문화와 사회와 교육 모두 샬롬을 향합니다. 그분은 광야에서 이스라엘 백성이 더불어 사랑하며 정의롭게 살도록 훈련했습니다. 훈련을 시키기만 한 게 아닙니다. 매순간 함께했습니다. 훈련하는 자와 받는 자의 바람이 비슷해야 효과가 있습니다. 그러나 그들은 여호와 하나님의 동행을 믿지 않았습니다.

"광야에서도 너희가 당하였거니와 사람이 자기의 아들을 안는 것 같이 너희의 하나님 여호와께서 너희가 걸어온 길에서 너희를 안으사 이곳까지 이르게 하셨느니라 하나 이 일에 너희가 너희의 하나님 여호와를 믿지 아니하였도다 그는 너희보다 먼저 그 길을 가시며 장막 칠 곳을 찾으시고 밤에는 불로, 낮에는 구름으로 너희가 갈 길을 지시하신 자이시니라(신1:31-33)"

약속의 산을 떠나 고된 길이 이어지자 이스라엘 백성은 불평합니다. 차라리 애굽으로 돌아가는 편이 좋겠다고 말합니다. 자기 욕심으로 가득 찬 사람이 사랑과 정의를 바라며 살기는 어렵습니다. 여호와 하나님과 이스라엘 백성 모두에게 힘겨운 광야길이 40여 년 동안 이어집니다. 시내산에서 감격에 겨워 언약을 맺었던 20세 이상의 남자는 광야에서 모두 죽습니다(갈렙과 여호수아 제외).

그들의 자녀가 약속의 땅 맞은편 모압 평지에 모였습니다. 이제 거의 다 왔습니다. 까치발로 서면 가나안 땅이 보입니다. 요단강만 건너면 됩니다. 여호와 하나님은 모압 평지에서 다시 이스라엘 백성에게 희망을 전합니다. 신명기는 '다시 전하는 약속'이라는 뜻입니다. '사랑하기 때문에 미워도 다시 한번'이자, '아슬아슬한 언약 갱신'을 의미합니다.

여호와 하나님에게도 아픔과 슬픔이 있지만 포기는 없습니다. 기필코 자신의 언약백성이 사랑과 정의를 깨닫고, 더불어 샬롬을 누리고 나눌 때까지 함께합니다. 세상 나라는 샬롬에서 점점 더 멀어집니다. 육신의 정욕과 안목의 정욕과 이생의 자랑에 취해 오직 자기만 사랑합니다. 당시 세상 사람은 욕심대로 살고자 수많은 신을 만들고 자기가 만든 신을 믿고 따랐습니다.

여호와 하나님은 모세를 통해 '포기할 수 없는, 아슬아슬한 희망'을 들려줍니다. 그건 '우리 하나님 여호와는 오직 하나임'을 듣고 깨닫는 겁니다. '오직 하나'는 '유일한 하나'와 '둘이 하나 되는 언약적 연합'을 의미합니다. 오직 여호와 하나님만이 자기 백성과 언약 안에서 하나 되었다는 의미입니다. 무슨 일이 있어도 언약적 하나 됨을 지켜낸다는 뜻입니다. 그분이 "말씀을 적어 손목과 머리에 매고 집 문에 붙이라"고 이야기한 것은 신명기 6장 4-5절이 유일합니다.

여호와 하나님과 나와 이웃과의 참된 하나됨을, 우리사랑과 더불어 샬롬을 지키면 좋겠습니다. 언약적 연합과 사랑, 마음과 뜻과 힘을 다해 기억하고 행동하기를 희망합니다.

말씀체험 | 들어라 나의 이스라엘아

여호와 하나님은 신명기 6장 4-5절을 손목과 머리에 매고 집 문에 붙이라고 했습니다. 친구들 집이나 방 문에 붙이고, 오가며 볼 수 있도록 말씀 문패를 만드는 말씀체험입니다.

진행하기

1 조별로 말씀 문패를 만들 준비물을 나눠준다. 나무 문패에 신명기 6장 4-5절을 요약해서 적는다.

들어라 친구야!
우리와 하나님은 하나다
마음 다해 하나님을 사랑하자
신명기 6장 4-5절

들어라 친구야!
여호와는 우리의 하나님이다
여호와는 오직 한분이다
마음과 뜻과 힘을 다해 우리 하나님을 사랑하자
신명기 6장 4-5절

2 나무 문패를 네임펜과 색연필과 스티커로 꾸민다.

· 신명기 말씀을 손가락으로 짚어가며 반복해서 읽는다.
· 말씀이 이루어지는 가정이길 바라며, 말씀 문패에 손을 얹고 기도한다.

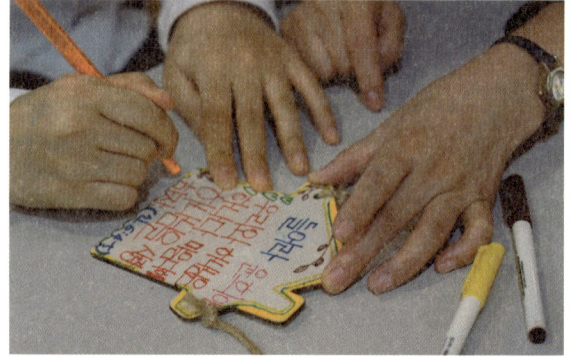

| 준비물 | 나무 문패
스티커
네임펜
색연필 | 더 생각하기 | 그림을 그리거나 글씨 쓰기 활동이 어려운 친구는 미리 프린트한 말씀 구절과 스티커 등으로 꾸밀 수 있습니다. 말씀 문패를 만들 때 종이 접시나 조금 두꺼운 종이를 사용해도 좋습니다. 크라프트지는 따듯한 느낌의 색과 질감을 가지고 있습니다. 나무 대신 두꺼운 크라프트지를 사용할 수 있습니다. |

3 마음과 뜻과 힘을 다해 하나님과 나와 이웃을 사랑하며 살자고 이야기한다. 말씀 문패를 들고 사진을 찍어 소중히 기억한다.

4 집에 가져가면 어디에 붙일지 이야기한다. 말씀 문패를 집에 가져가서 붙인다.

· 부모에게 말씀체험 의미를 전달한다. 방문에 붙이도록 안내한다. 말씀체험은 가정과 연계할 때 더 유익하다.

어울리는 찬양 ♪♬ | 너는 마음을 다하고_ with GOD

16

우리 발이 닿는 곳마다 샬롬

여호와 하나님은 시내산에서 언약백성과 언약을 맺을 때 더불어 샬롬을 희망했습니다. 현실이 아무리 절망스럽다 할지라도 그분의 꿈은 아슬아슬하게 이어졌습니다. 이제 샬롬의 희망은 여호수아에게로 이어집니다. 언약백성의 발이 닿는 곳마다 샬롬의 꽃이 피어나고, 샬롬의 향기가 나면 좋겠습니다. 마음과 뜻과 힘을 다해 하나님을 예배하고, 말씀을 체험합니다.

성경 본문

여호수아 1장 1-9절

1. 여호와의 종 모세가 죽은 후에 여호와께서 모세의 수종자 눈의 아들 여호수아에게 말씀하여 이르시되
2. 내 종 모세가 죽었으니 이제 너는 이 모든 백성과 더불어 일어나 이 요단을 건너 내가 그들 곧 이스라엘 자손에게 주는 그 땅으로 가라
3. 내가 모세에게 말한 바와 같이 너희 발바닥으로 밟는 곳은 모두 내가 너희에게 주었노니
4. 곧 광야와 이 레바논에서부터 큰 강 곧 유브라데 강까지 헷 족속의 온 땅과 또 해 지는 쪽 대해까지 너희의 영토가 되리라
5. 네 평생에 너를 능히 대적할 자가 없으리니 내가 모세와 함께 있었던 것 같이 너와 함께 있을 것임이니라 내가 너를 떠나지 아니하며 버리지 아니하리니
6. 강하고 담대하라 너는 내가 그들의 조상에게 맹세하여 그들에게 주리라 한 땅을 이 백성에게 차지하게 하리라
7. 오직 강하고 극히 담대하여 나의 종 모세가 네게 명령한 그 율법을 다 지켜 행하고 우로나 좌로나 치우치지 말라 그리하면 어디로 가든지 형통하리니
8. 이 율법책을 네 입에서 떠나지 말게 하며 주야로 그것을 묵상하여 그 안에 기록된 대로 다 지켜 행하라 그리하면 네 길이 평탄하게 될 것이며 네가 형통하리라
9. 내가 네게 명령한 것이 아니냐 강하고 담대하라 두려워하지 말며 놀라지 말라 네가 어디로 가든지 네 하나님 여호와가 너와 함께 하느니라 하시니라

성경 배경

광야에서 그랬던 것처럼 약속의 땅에서도 말씀을 따라 걸어야 합니다. 여호와 하나님의 약속은 언제 어디서나 더불어 샬롬을 향합니다. 말씀과 걸음, 샬롬은 셋이자 하나입니다. 여호와 하나님은 광야에서 40년 동안 이스라엘 백성에게 '마음과 뜻과 힘을 다해 그분과 자신과 이웃을 사랑하며 살도록' 훈련했습니다. 그분은 이미 인간의 마음이 욕심으로 부패했고, 하나님의 형상대로 사랑하며 살기를 싫어하는 것을 압니다. 모세는 죽기 전에 이스라엘 백성에게 '바르게 살기 원하면' 여호와 하나님을 사랑하고 그의 말씀을 따르라고 말했습니다.

"내가 오늘 하늘과 땅을 불러 너희에게 증거를 삼노라 내가 생명과 사망과 복과 저주를 네 앞에 두었은즉 너와 네 자손이 살기 위하여 생명을 택하고 네 하나님 여호와를 사랑하고 그의 말씀을 청종하며 또 그를 의지하라 그는 네 생명이시요 네 장수이시니 여호와께서 네 조상 아브라함과 이삭과 야곱에게 주리라고 맹세하신 땅에 네가 거주하리라(신30:19-20)"

듣는 이들의 반응은 시큰둥합니다. 히브리서 기자가 말하듯, 믿음의 고백과 행위가 어우러지지 않으면 샬롬을 누리거나 나눌 수 없습니다(히3:17-19). 약속의 땅에는 여호와 하나님의 희망이 있습니다. 자신의 백성이 마음과 뜻과 힘을 다해 여호와 하나님과 자신과 이웃을 사랑하는 삶입니다.

이스라엘 모든 백성이 모세의 죽음을 슬퍼했고, 앞으로 겪을 일을 두려워했습니다. 그러나 여호와 하나님이 모세와 맺은 약속은 끝나지 않고 여호수아에게 이어집니다. 요단강만 건너면 되는데, 발이 쉽게 떼어지지 않습니다. 여호와 하나님은 두려워하는 여호수아와 이스라엘 백성에게 용기를 가지라고 합니다. 아브라함과 이삭과 야곱과 요셉에게, 그리고 모세에게 약속한 땅을 발바닥이 닿는 곳마다 주겠다고 합니다.

'발걸음마다 샬롬'이라는 여호와 하나님의 희망이 전해집니다. 이를 위해 밤낮으로 말씀을 소리 내어 읽고 가르치고 깨달아야 합니다. 아는 바를 행해야 합니다. 여전히 세상과 우리 마음에는 욕심이 가득합니다. 욕심을 따르는 걸음은 세상이 보기에는 좋아 보여도 여호와 하나님의 눈에는 보기 좋지 않습니다. 여호와 하나님의 말씀을 이정표 삼아 걸어야 합니다. 곁눈질하지 않고, 그분의 희망을 따라야 합니다.

발이 닿는 곳마다 그분이 함께할 터이니, 우직하게 샬롬의 길을 걸어야 합니다. 간혹 길을 잃거나, 잊을 수 있습니다. 그때에도 언약의 하나님 여호와는 우리와 함께합니다. 무슨 일을 겪을지 알 수 없더라도 걸음을 시작하고 이어가야 합니다. 여호와 하나님의 말씀을 따르는 삶은 결과가 아닙니다. 과정 자체가 선물이며, 은혜입니다. 샬롬으로 가는 길은 없습니다. 샬롬, 그 자체가 길입니다. 여호수아와 이스라엘 백성은 여호와 하나님의 격려와 응원으로 요단강을 건넙니다. 발이 닿는 곳마다 샬롬의 꽃이 피길, 샬롬의 향기가 나길 희망하며 오늘도 걷습니다.

| 말씀 체험 | 우리 발이 닿는 곳마다 샬롬

> 여호와 하나님의 희망이 우리 발걸음마다 전해지길 소원합니다. 친구들 발 모양에 믿음의 고백을 적습니다. 그것으로 길을 만들고, 직접 걷습니다. 우리 발이 닿는 곳마다 샬롬의 꽃이 피길, 샬롬의 향이 나길 희망하는 말씀체험입니다.

미리 준비하기

1. 예배 전에 친구 발을 색지에 대고 발 모양을 따라 그린다. "친구 발이 닿는 곳마다 샬롬"을 적는다. 꽃모양 스티커와 색연필로 꾸민 후 발 모양을 따라 가위로 오린다.

2. 예배 중에 발 모양을 코팅한다. 발 모양으로 길을 만든다(예배실 뒤편이나 복도).

   ✱ 한 주에 다 진행하기 어렵다면, 두 주에 걸쳐 진행한다.

진행하기

3. 조별로 벚꽃 포스트잇을 나눠준다. 여호와 하나님과 약속하고 싶은 이야기를 간단하게 적는다.

   · 하나님 사랑하기, 친구 좋아하기, 예배 잘 드리기, 장난치지 않기, 욕심 부리지 않기 등

4. 벚꽃 포스트잇을 가지고 발 모양으로 만든 길로 나온다. 발 모양을 따라 한 발 한 발, 천천히 걷는다.

   · 걸을 때마다 "우리 발이 닿는 곳마다 샬롬"을 이야기한다.

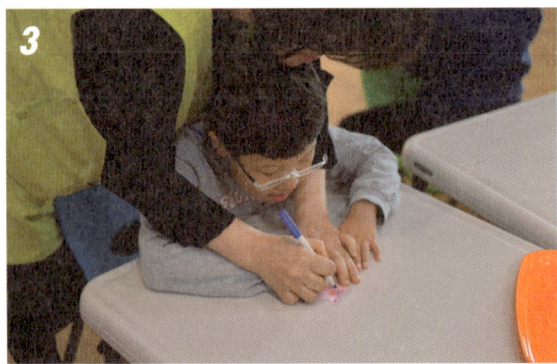

준비물 { 색지 / 코팅지 / 코팅기
색연필 / 사인펜 / 가위
꽃모양 스티커 / 꽃모양 포스트잇
조화(벚꽃) }

더 생각하기 { 색지 대신 시트지를 활용하면 코팅하지 않고 바로 붙일 수 있습니다. 시트지 위에 꾸밀 때는 네임펜이나 매직 등 유성펜을 사용합니다. 발모양을 그린 시트지 색과 다른 색의 시트지를 여러가지 모양으로 잘라 붙여도 좋습니다. 꽃모양 포스트잇도 색지나 색종이를 꽃모양으로 오리거나 꽃모양 펀치로 잘라내어 사용해도 괜찮습니다. }

5 하트 모양 벚꽃 틀이 있는 벽까지 발 모양을 따라 걷는다. 틀 안에 직접 벚꽃 포스트잇을 붙인다.

· 하트 모양 벚꽃 틀을 배경으로 사진을 찍어 소중히 기억한다.

6 "우리 발이 닿는 곳마다 샬롬"을 이야기하며, 자리로 돌아온다.

· 하트 모양 벚꽃 틀에 벚꽃 포스트잇을 빼곡히 붙인다. 다른 친구가 어떤 약속을 맺었는지, 가서 보고 만지며 서로 응원한다.

어울리는 찬양 주의 길을 따라 갑니다_ 파이디온 선교회

말씀체험 | 우리 발이 닿는 곳마다 샬롬 2

우리 발이 닿는 곳마다 여호와 샬롬이라는 꽃이 피어나길 소원합니다. 부서 단체사진과 친구 발 모양으로 전에 본 적 없는, 가장 아름다운 꽃을 표현합니다. 우리가 걷는 곳마다 여호와 샬롬이 전해지길 희망하는 말씀체험입니다.

미리 준비하기

1 부서 단체사진을 크게 출력해서 원형으로 오린다. 4절 하얀색 종이 중앙에 사진을 붙인다. 사진 아래에 꽃 줄기와 잎을 그린다.

진행하기

2 미리 준비한 종이를 조별로 나눠준다. 종이 윗 부분에 "우리 발이 닿는 곳마다 여호와 샬롬"을 적는다.

3 친구 발 모양으로 꽃잎을 표현해서 단체사진 주위를 꾸민다. 어떤 조는 색지에 발을 대고 그려 오린 후 단체사진 주위에 붙인다. 어떤 조는 물감으로 발도장을 만든 후 단체사진 주위에 발도장을 찍는다. 여호와 샬롬의 꽃을 표현한다.

· 일회용 접시에 물감을 짠 후 맨발로 찍는다.

✱ 바닥이나 옷에 묻지 않도록 바로 물티슈로 닦는다.

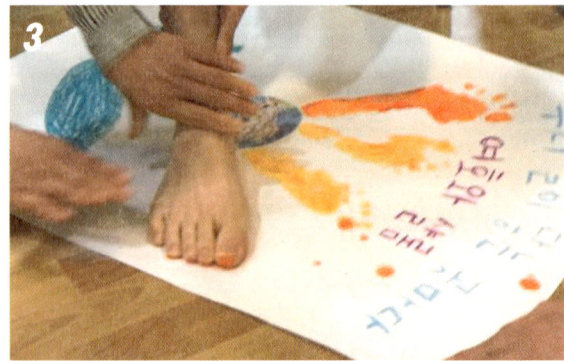

| 준비물 | 부서 단체사진 / 가위
4절 하얀색 종이 / A4 색지
색연필 / 네임펜 / 물감 / 일회용 접시
물티슈 |

| 더 생각하기 | 조별 활동이 아닌 단체 활동으로 바꿀 수 있습니다. 우리 발이 닿아 샬롬이 피어나길 소망하는 곳이나 사람에 대해 이야기하고 커다란 발 모양판을 만듭니다. 그 위에 가족, 친구, 학교, 교회 등을 그리거나 사진을 붙여 표현할 수 있습니다. |

4 발 모양으로 만든 꽃잎 안(색지)과 옆(발도장)에 친구가 전하고 싶은 여호와 샬롬을 적는다.

· 샬롬은 여호와 하나님의 희망이기에, 나누고 싶은 믿음과 소망과 사랑을 자유롭게 표현한다.

5 조별로 만든 여호와 샬롬의 꽃을 모아 사진을 찍어 소중히 기억한다.

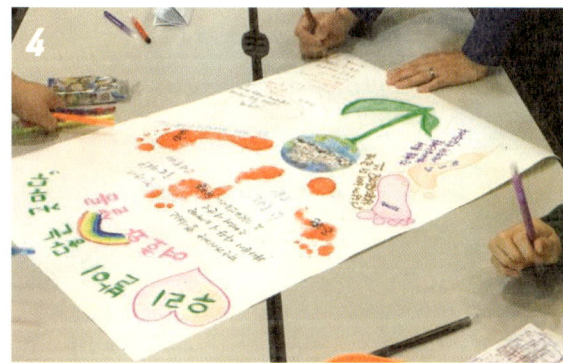

17

오늘 오직 우리 집은 여호와만

모세처럼 여호수아도 자신의 생을 마무리합니다. 사람이 죽을 때 "숨을 거두었다"고 표현하는 것은 생을 거두시는 분이 존재하기 때문입니다. 지도자로서 최선을 다했지만 바람처럼 되지 않았습니다. 욕심 따라 살고 싶은 자들은 여호수아가 죽는 날을 기다렸습니다. 그는 이미 마음이 떠난 이들에게 '오늘 오직 우리 집은 여호와만 섬길 테니, 너희는 너희 뜻대로 하라'고 합니다. 슬프고 아프고 서글픈 장면입니다. 마음과 뜻과 힘을 다해 하나님을 예배하고, 말씀을 체험합니다.

성경 본문

여호수아 24장 14-22절

14. 그러므로 이제는 여호와를 경외하며 온전함과 진실함으로 그를 섬기라 너희의 조상들이 강 저쪽과 애굽에서 섬기던 신들을 치워 버리고 여호와만 섬기라
15. 만일 여호와를 섬기는 것이 너희에게 좋지 않게 보이거든 너희 조상들이 강 저쪽에서 섬기던 신들이든지 또는 너희가 거주하는 땅에 있는 아모리 족속의 신들이든지 너희가 섬길 자를 오늘 택하라 오직 나와 내 집은 여호와를 섬기겠노라 하니
16. 백성이 대답하여 이르되 우리가 결단코 여호와를 버리고 다른 신들을 섬기기를 하지 아니하오리니
17. 이는 우리 하나님 여호와께서 친히 우리와 우리 조상들을 인도하여 애굽 땅 종 되었던 집에서 올라오게 하시고 우리 목전에서 그 큰 이적들을 행하시고 우리가 행한 모든 길과 우리가 지나온 모든 백성들 중에서 우리를 보호하셨음이며
18. 여호와께서 또 모든 백성들과 이 땅에 거주하던 아모리 족속을 우리 앞에서 쫓아내셨음이라 그러므로 우리도 여호와를 섬기리니 그는 우리 하나님이심이니이다 하니라
19. 여호수아가 백성에게 이르되 너희가 여호와를 능히 섬기지 못할 것은 그는 거룩하신 하나님이시요 질투하시는 하나님이시니 너희의 잘못과 죄들을 사하지 아니하실 것임이라
20. 만일 너희가 여호와를 버리고 이방 신들을 섬기면 너희에게 복을 내리신 후에라도 돌이켜 너희에게 재앙을 내리시고 너희를 멸하시리라 하니
21. 백성이 여호수아에게 말하되 아니니이다 우리가 여호와를 섬기겠나이다 하는지라
22. 여호수아가 백성에게 이르되 너희가 여호와를 택하고 그를 섬기리라 하였으니 스스로 증인이 되었느니라 하니 그들이 이르되 우리가 증인이 되었나이다 하더라

성경 배경

여호와 하나님은 아브라함에게 '참되고 영원한 복'을 약속합니다. "여호와께서 아브람에게 이르시되 너는 너의 고향과 친척과 아버지의 집을 떠나 내가 네게 보여 줄 땅으로 가라 내가 너로 큰 민족을 이루고 네게 복을 주어 네 이름을 창대하게 하리니 너는 복이 될지라 너를 축복하는 자에게는 내가 복을 내리고 너를 저주하는 자에게는 내가 저주하리니 땅의 모든 족속이 너로 말미암아 복을 얻을 것이라 하신지라(창12:1-3)"

여호와 하나님이 전하는 복은 그분을 가까이하는, 그분을 피난처 삼아 모든 행적을 전하는 삶입니다(시73:28). 그분은 아브라함과 이삭과 야곱에게, 모세와 여호수아에게, 이스라엘 백성에게 다가 왔습니다. 화가 아닌 복을 주기 위함입니다. 그런데 그분은 약속의 땅이 보이는 모압 평지에서 걱정하고 근심합니다. "내가 그들의 조상들에게 맹세한 바 젖과 꿀이 흐르는 땅으로 그들을 인도하여 들인 후에 그들이 먹어 배부르고 살찌면 돌이켜 다른 신들을 섬기며 나를 멸시하여 내 언약을 어기리니 그들이 수많은 재앙과 환난을 당할 때에 그들의 자손이 부르기를 잊지 아니한 이 노래가 그들 앞에 증인처럼 되리라 나는 내가 맹세한 땅으로 그들을 인도하여 들이기 전 오늘 나는 그들이 생각하는 바를 아노라(신31:20-21)"

우려한 대로 이스라엘 백성은 등 따뜻하고 배부르니 '거짓되고 순간적인 즐거움'에 눈이 돌아갑니다. 광야에서는 선택의 여지가 별로 없었기 때문에 그런대로 그분을 따랐습니다. 그런데 가나안 땅의 호화찬란한 세상 문화에 빠져 그분을 잊고, 정신을 놓습니다. 어쩌면 우리가 사는 오늘은 광야가 아닌 가나안입니다. 모세처럼 여호수아도 여호와 하나님의 희망을 전하고자 최선을 다했습니다.

그는 이제 생을 마무리해야 합니다. 유언을 남겨야 하는데, 분위기가 이상합니다. 이스라엘 백성은 말씀이 아닌 욕심을 따라 살고 싶어합니다. 여호와 하나님과 세상을 동시에 섬기고 싶었습니다. 심지어 지도자 여호수아가 죽기만을 바라는 이들도 있습니다. 여호수아는 이미 마음이 떠난 이들에게 이야기합니다. 하나님이 여호와(나는 스스로 너와 함께 있다)로 우리와 함께 했는데, 어떻게 이럴 수 있냐고 따집니다. 너희는 강 저쪽에서 섬기던 신이든지, 지금 가나안 땅에 있는 신이든지, 섬길만한 신을 선택하라고 합니다.

참으로 슬프고 안타까운 유언입니다. 여호수아는 마지막 힘을 냅니다. 오늘 나와 내 집은 여호와만 섬기겠다고 합니다. 민족의 지도자로서 최선을 다했지만, 뜻대로 되지 않았습니다. 여호수아가 죽자 이스라엘 백성은 보란듯이 세상 욕심을 따릅니다. 여호와 하나님의 사랑과 정의를 우습게 여깁니다. 현실이 아무리 참혹할지라도, 그분과 맺은 약속을 성실히 지키는 이들이 있습니다. 여호수아처럼 "오늘 오직 나와 내 집은 여호와만 섬기겠다"고 다짐하는 이들입니다. 여호와 하나님과 함께 울고 함께 웃으며, 샬롬을 노래하는 이들입니다. 그분이 더 이상 외롭지 않도록 묵묵히 그 곁을 지키면 좋겠습니다.

말씀체험 | 오늘 오직 우리 집은 여호와만

{ "오늘 오직 나와 내 집은 여호와만 섬기겠다"는 여호수아의 유언을 기억합니다. 여호와 하나님의 슬픔과 기쁨을 아는 사람이 되길 희망하며, 점토로 사람을 만듭니다. 여호와 하나님의 가족인 우리가 우리 사랑마을을 만들어, 그분을 초대하는 말씀체험입니다. }

미리 준비하기

1 여호와 하나님의 가족이 더불어 사는 마을을 만든다.

- 직사각형 나무판에 녹색 부직포나 인조잔디를 붙인다.
- 나무집과 나무사람인형을 올려 마을처럼 꾸민다.
- 마을 이름인 '우리사랑마을'을 맨 앞에 적는다

진행하기

2 하얀색 점토로 자신을 의미하는 사람을 만든다.

- 점토 하나를 4등분 한다.
- 4등분 한 것 중 2개를 각각 둘로 나눈다.
- 나눈 점토를 동그랗게 만든다.
- 큰 점토 하나는 머리가 된다.
- 다른 큰 점토는 길고 납작하게 빚어 몸통으로 만든다.
- 작은 점토 4개는 길게 빚어 팔다리를 만든다.
- 몸통에 머리와 팔다리를 붙여 사람을 만든다.

| 준비물 | 점토(하얀색, 빨간색)
직사각형 나무판
녹색 부직포나 인조잔디
나무집 / 나무사람인형 | 더 생각하기 | 활동하기 전에 점토를 다양하게 탐색(동그랗게 빚기, 납작하게 눌러 평평하게 하기, 손바닥으로 밀어 길고 가늘게 만들기 등)하는 시간이 있으면 더 좋습니다. 점토로 사람 모양을 만들기 어려운 친구가 있습니다. 교사가 철사 등으로 사람의 뼈대를 미리 만듭니다. 뼈대에 찰흙을 붙이면 사람을 쉽게 만들 수 있습니다. |

3 빨간색 점토로 하트를 만들어 가슴에 붙인다.

- 하트는 '여호와 하나님의 샬롬, 희망, 약속, 마음 등'을 의미한다.
- 하트를 붙일 때 "여호와 하나님의 마음을 아는 한 사람이 되자"고 이야기한다.

4 자신이 만든 사람을 가지고 우리사랑마을로 나온다. 자기가 원하는 곳에 사람을 올린다.

- "오늘 오직 나와 내 집은 여호와만 섬기겠다"고, "여호와 하나님의 마음을 아프게 하지 않겠다"고 이야기한다.

5 우리사랑마을과 함께 사진을 찍어 소중히 기억한다.

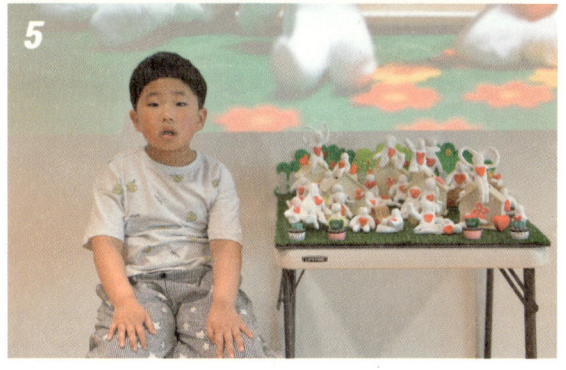

어울리는 찬양 ♪ 하나님을 초대해요_ 파이디온 선교회

18

여호와 샬롬으로 제단 쌓자

여호수아의 죽음 이후, 이스라엘 백성은 마음 놓고 욕심을 따릅니다. 언약백성이라는 사실을 망각하고 우상과 하나님을 동시에 섬기려고 합니다. 사사 시대, 하나님은 심판과 회복을 통해 '여호와 샬롬'이라는 희망을 이어갑니다. 마음과 뜻과 힘을 다해 하나님을 예배하고, 말씀을 체험합니다.

사사기 6장 12-14절

12. 여호와의 사자가 기드온에게 나타나 이르되 큰 용사여 여호와께서 너와 함께 계시도다 하매
13. 기드온이 그에게 대답하되 오 나의 주여 여호와께서 우리와 함께 계시면 어찌하여 이 모든 일이 우리에게 일어났나이까 또 우리 조상들이 일찍이 우리에게 이르기를 여호와께서 우리를 애굽에서 올라오게 하신 것이 아니냐 한 그 모든 이적이 어디 있나이까 이제 여호와께서 우리를 버리사 미디안의 손에 우리를 넘겨 주셨나이다 하니
14. 여호와께서 그를 향하여 이르시되 너는 가서 이 너의 힘으로 이스라엘을 미디안의 손에서 구원하라 내가 너를 보낸 것이 아니냐 하시니라

사사기 6장 22-26절

22. 기드온이 그가 여호와의 사자인 줄을 알고 이르되 슬프도소이다 주 여호와여 내가 여호와의 사자를 대면하여 보았나이다 하니
23. 여호와께서 그에게 이르시되 너는 안심하라 두려워하지 말라 죽지 아니하리라 하시니라
24. 기드온이 여호와를 위하여 거기서 제단을 쌓고 그것을 여호와 살롬이라 하였더라 그것이 오늘까지 아비에셀 사람에게 속한 오브라에 있더라
25. 그 날 밤에 여호와께서 기드온에게 이르시되 네 아버지에게 있는 수소 곧 칠 년 된 둘째 수소를 끌어 오고 네 아버지에게 있는 바알의 제단을 헐며 그 곁의 아세라 상을 찍고
26. 또 이 산성 꼭대기에 네 하나님 여호와를 위하여 규례대로 한 제단을 쌓고 그 둘째 수소를 잡아 네가 찍은 아세라 나무로 번제를 드릴지니라 하시니라

처음에 하나님은 하늘과 땅을 예루살렘(평화의 마을)으로 창조합니다. 예루살렘은 창조와 구원, 심판과 회복의 하나님 여호와가 처음부터, 아니 처음 이전부터 지닌 희망입니다. 여호와는 하나님의 이름이며, "나는 스스로 있는 자다(출3:14)"를 뜻합니다. "나는 나로서 충분하다, 나는 나의 희망을 포기하지 않는다" 등으로 설명할 수 있습니다.

사사기 주제는 '여호와 샬롬'과 '자기 멋대로'의 대조입니다. 이스라엘 백성은 여호수아의 유언과 경고를 무시합니다. 여호와 하나님의 희망을 따라 살아야 하는데, 말씀의 이정표를 뽑아 버립니다. '자기 멋대로' 여호와 하나님과 세상을 동시에 따를 수 있다고 생각합니다. 이쯤 되면 희망을 접을만도 한데, 그분은 그럴 수 없습니다.

여호와 하나님은 사랑과 정의를 포기한 이스라엘 백성을 심판합니다. 그들이 부러워하는 주변 국가의 지배를 받게 합니다. 인간의 고집스러운 탐욕과 여호와 하나님의 아슬아슬한 희망이 사사시대 내내 이어집니다. 엉망이 된 이스라엘, 과연 회복될 수 있을까요. 어디서부터 다시 시작

해야 할까요. 거짓된 예배를 무너뜨리고, 참된 예배를 회복해야 합니다. 언약의 하나님 여호와와의 관계가 우선입니다.

여호와 하나님은 기드온을 찾아옵니다. 그는 겁에 질려 포도즙 틀에서 밀을 까고 있었습니다. 미디안 족속이 밀을 다 가져갔기 때문입니다. 그분은 그를 '여호와가 함께하는 힘센 용사'라고 부릅니다. 그러나 그는 "무슨 말입니까? 여호와가 함께하는데 왜 괴로움을 겪어야 합니까, 우리를 버린 것 아닙니까"라고 한탄합니다. 그분은 기드온을 설득합니다. 사사(재판관, 지도자)로 세웁니다.

인간의 욕심으로 더러워진 예배, 다시 깨끗하게 해야 합니다. 무너진 예배의 가치, 다시 세워야 합니다. 그분을 바르게 경외하는 예배자, 다시 찾아야 합니다. "들어라 이스라엘아 우리 하나님 여호와는 오직 하나인 여호와시니 너는 마음과 뜻과 힘을 다해 여호와를 사랑하라(신6:4-5)"는 말씀으로 돌아가야 합니다. 기드온은 여호와 하나님을 참되게 예배할 제단을 쌓고, '여호와 샬롬'이라는 이름을 붙입니다. 성경은 아직도 그 제단이 오브라에 있다고 합니다. 우리가 예배드리는 지금 이곳이 '여호와 샬롬으로 가득한 오브라'이길 희망합니다.

말씀체험 | 여호와 샬롬으로 제단 쌓자

> 자기 멋대로 드린 예배, 살아간 삶을 반성합니다. 여호와 하나님이 기뻐하시는 예배와 삶을 다시 세웁니다. 그분은 지금도 참된 예배와 예배자를 찾고 있습니다. 여호와 샬롬의 제단을 쌓는 말씀체험입니다.

미리 준비하기

1 36가지 글씨를 인쇄한 원형 라벨지와 종이컵 36개를 조마다 한세트씩 준비한다.

여호와 샬롬 ♥
하나님께서 기뻐하시는 참된 예배자
여호와께서 함께하시는 힘센 용사 !!!

진행하기

2 조별로 색 종이컵 36개와 글씨가 적힌 원형 라벨지 36개를 나눠준다. 스스로 종이컵에 라벨지를 붙인다.

· 색연필과 스티커 등으로 글씨를 꾸며도 좋다.

3 친구와 교사가 '자기 멋대로' 제단을 쌓는다. 위에서부터 글자를 읽는다. (*말이 전혀 이어지지 않는다)

· 여호와 하나님을 '자기 멋대로' 예배하면 이런 모습이 된다는 것을 이야기한다.

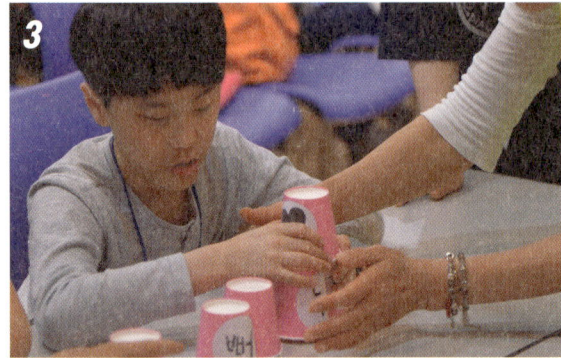

| 준비물 | 색 종이컵 36개 / 원형 라벨지 36개 / 색연필 / 스티커 / 제단 쌓는 순서표 | 더 생각하기 | 제단 쌓는 순서표 글씨를 층마다 다른 색으로 출력하면 친구들이 순서표에 따라 탑을 쌓을 때 조금 더 쉽게 할 수 있습니다. 종이컵이 가볍고 쉽게 구겨져서 쌓기 어려울 수 있습니다. 무게가 나가는 다른 컵(컵타용 컵)을 사용할 수 있습니다. |

4 이제 '자기 멋대로' 쌓은 제단을, 여호와 하나님이 기뻐하지 않는 예배를 무너뜨린다.

- 제단에 손을 가까이 대고 "하나 둘 셋"을 외치고 무너뜨린다.

5 무너진 제단과 예배를 여호와 하나님의 말씀에 따라 다시 세운다. 제단 쌓는 순서표를 따라 밑에서부터 8단으로 쌓는다.

- 응원과 함께함과 기다림이 중요하다.

여
호 와
샬 롬 ♥
하 나 님 께
서 기 뻐 하 시
는 참 된 예 배 자
여 호 와 께 서 함 께
하 시 는 힘 센 용 사 !!!

6 모두 쌓은 다음 한 목소리로 크게 읽는다.

- 세상이 어떠해도 '여호와 샬롬'이라는 희망을 품고, 참되게 예배드리자고 격려한다.

7 우리 손으로 쌓은 참된 예배의 제단 앞에서 사진을 찍어 소중히 기억한다.

✱ 사용한 종이컵은 부서에서 간식을 먹을 때 사용한다.
말씀체험 이야기와 참된 예배의 마음을 계속 나눈다.

어울리는 찬양 ♪ 나는 예배자입니다_ 파이디온 선교회

| 말씀 체험 | 여호와 샬롬으로 제단 쌓자

자기 멋대로 드린 예배, 살아간 삶을 반성합니다. 여호와 하나님이 기뻐하는 예배와 삶을 다시 세웁니다. 그분은 지금도 참된 예배와 예배자를 찾고 있습니다. 여호와 샬롬의 제단을 쌓는 말씀체험입니다.

미리 준비하기

1 30개 글자를 자유롭게 꾸밀 수 있도록, 글꼴을 적용해서 출력한다(양재블럭체, 타이포_꾸미기 입체 등).

- 여호와 샬롬 하 나 님 께 서 기 뻐 하 시 는 참 된 예 배 자 여 호 와 께 서 함 께 하 시 는 힘 센 용사
- '여호와'와 '샬롬'은 한 음절처럼 한 장에 출력한다
- 조마다 한세트씩 준비한다.

2 크기가 비슷한 종이박스 30개를 준비한다.

- 기성품을 구입하거나, 마트에서 구한다.
- 탑 쌓는 순서표를 준비한다.

진행하기

3 조 인원만큼 종이박스와 글자 30개 중 한 음절씩 나눠준다. 글자에 색을 칠하고, 박스 넓은 면에 붙인다.

준비물	더 생각하기
크기가 비슷한 종이박스 36개 A4로 출력한 글자 / 스티커 색연필 / 제단 쌓는 순서표	자유롭게 제단을 쌓을 때 다른 친구와 부딪히거나 다투지 않도록 지도합니다. 순서표를 따라 제단을 쌓을 때 정해진 규칙을 지켜야 한다는 것을 지도합니다. 글자를 순서대로 쌓게 합니다.

4 종이박스를 가지고 예배실 앞으로 나온다. 친구와 교사가 '자기 멋대로' 제단을 쌓는다. 위에서부터 글자를 읽는다. (*말이 전혀 이어지지 않는다)

· 여호와 하나님을 '자기 멋대로' 예배하면 이런 모습이 된다는 것을 이야기한다.

5 이제 '자기 멋대로' 쌓은 제단을, 여호와 하나님이 기뻐하지 않는 예배를 무너뜨린다.

· 제단에 손을 가까이 대고 "하나 둘 셋"을 외치고 무너뜨린다.

6 무너진 제단과 예배를 여호와 하나님의 말씀에 따라 다시 세운다. 제단 쌓는 순서표를 따라 밑에서부터 6단으로 쌓는다.

· 응원과 함께함과 기다림이 중요하다.

여 호 와 샬 롬
하 나 님 이
기 뻐 하 시 는
참 된 예 배 자
여 호 와 께 서 함 께
하 시 는 힘 센 용 사

7 모두 쌓은 다음 한 목소리로 크게 읽는다.

· 세상이 어떠해도 '여호와 샬롬'이라는 희망을 품고, 참되게 예배 드리자고 서로 격려한다.

8 제단 앞에서 사진을 찍어 소중히 기억한다.

19

아둘람 동굴에 생명나무를 심자

아둘람은 '피난처'라는 의미입니다. 몸과 마음이 힘든 이들이 더불어 샬롬을 나눈 동굴 이름입니다. 피난과 동굴과 샬롬, 전혀 어울리지 않는 셋이 어우러집니다. 어두운 동굴이지만, 함께하는 이들과 생명나무를 심고 기르며, 열매 맺고 맛봅니다. 마음과 뜻과 힘을 다해 하나님을 예배하고, 말씀을 체험합니다.

성경 본문

사무엘상 22장 1-2절

1. 그러므로 다윗이 그 곳을 떠나 아둘람 굴로 도망하매 그의 형제와 아버지의 온 집이 듣고 그리로 내려가서 그에게 이르렀고
2. 환난 당한 모든 자와 빚진 모든 자와 마음이 원통한 자가 다 그에게로 모였고 그는 그들의 우두머리가 되었는데 그와 함께 한 자가 사백 명 가량이었더라

성경 배경

너희가 가난한 자의 계획을 부끄럽게 하나 오직 여호와는 그의 피난처가 되시도다(시14:6)
하나님은 우리의 피난처시요 힘이시니 환난 중에 만날 큰 도움이시라(시46:1)
내가 나의 피난처로 속히 가서 폭풍과 광풍을 피하리라 하였도다(시55:8)
나는 주의 힘을 노래하며 아침에 주의 인자하심을 높이 부르오리니 주는 나의 요새이시며 나의 환난 날에 피난처심이니이다(시59:16)
하나님께 가까이 함이 내게 복이라 내가 주 여호와를 나의 피난처로 삼아 주의 모든 행적을 전파하리이다(시73:28)
오른쪽을 살펴 보소서 나를 아는 이도 없고 나의 피난처도 없고 내 영혼을 돌보는 이도 없나이다(시142:4)
내가 피할 나의 반석의 하나님이시요 나의 방패시요 나의 구원의 뿔이시요 나의 높은 망대시요 그에게 피할 나의 피난처시요 나의 구원자시라 나를 폭력에서 구원하셨도다(삼하22:3)
주는 포학자의 기세가 성벽을 치는 폭풍과 같을 때에 빈궁한 자의 요새이시며 환난 당한 가난한 자의 요새이시며 폭풍 중의 피난처시며 폭양을 피하는 그늘이 되셨사오니(사25:4)
여호와 나의 힘, 나의 요새, 환난날의 피난처시여 민족들이 땅 끝에서 주께 이르러 말하기를 우리 조상들의 계승한 바는 허망하고 거짓되고 무익한 것뿐이라(렘16:19)
이는 하나님이 거짓말을 하실 수 없는 이 두 가지 변하지 못할 사실로 말미암아 앞에 있는 소망을 얻으려고 피난처를 찾은 우리에게 큰 안위를 받게 하려 하심이라(히6:18)

몸과 마음이 고단한 이들에게는 피난처가 필요합니다. 시편 기자와 예언자는 절박한 심정으로 참되고 영원한 피난처를 소개합니다. 타는 목마름으로 언약의 하나님 여호와를 바라봅니다. 어려움을 당하거나, 빚을 지거나, 억울한 사람은 사회에 적응하기 어렵습니다. 마음이 힘들고, 주변 사람들의 시선이 부담스럽습니다. 괴롭히는 사람을 상대해야 합니다. 버티고 버티다 결국 사람들이 찾을 수 없는 곳으로 떠납니다.

유대광야에 '아둘람'이라는 동굴이 있습니다. 피난처라는 의미입니다. 숨 쉴 틈조차 없는 이들이 그곳에서 숨을 돌립니다. 사울왕은 잘못한 것이 없는 다윗을 일방적으로 괴롭힙니다. 더 이상 버티기 어려웠습니다. 다윗은 유대광야를 거쳐 슬픔이 가득한 아둘람 동굴로 피했습니다.

슬픔은 기쁨을 만나야 회복된다고 하는데, 꼭 그렇지만은 않습니다. 함께 슬퍼할 수 있는 이들과 연대하며 아픔을 공유할 때 서서히 괜찮아집니다. 다윗도 그랬습니다. 다윗의 마음을 아는 형들과 친척들과 많은 이들이 아둘람 동굴로 왔습니다. 그들은 타인 때문에 겪는 아픔이 얼마나 억울한지를 잘 압니다. 자신의 아픔이 다른 이들에게 위로가 되었습니다. 그들은 그렇게 하나 되어갑니다.

다윗은 모든 것이 끝났다 여긴 이들과 회복을 노래합니다. 죽음의 기운이 가득했던 아둘람 동굴에 생명나무를 심습니다. 함께 생명을 기르고 열매를 나눕니다. 사백 명 가량이 다시 살아갈 힘을 얻습니다. 내 마음 알아주는 한 사람만 있어도 완전히 무너지지 않습니다. 아둘람 동굴 안에서 무슨 일이 벌어지는지 세상은 알지 못합니다. 관심도 없습니다. 못난 이들이 모인, 별 볼 일 없는 곳이라 여깁니다.

그러나 형제들과 더불어 샬롬을 나눈 이들에게는 '참으로 고맙고 행복한 피난처'입니다. 참되고 영원한 아둘람은 오직 여호와 하나님의 품입니다. 우리가 속한 신앙공동체가 슬픔을 헤아리고, 생명을 사랑하고, 샬롬을 노래하는 아둘람이길 희망합니다.

| 말씀 체험 | 아둘람 동굴에 생명나무를 심자

> 친구와 교사 모두 고단한 삶을 삽니다. 슬픔이 가득한 아둘람 동굴에서 다시 삶을 노래하면 좋겠습니다. 고마운 이들과 더불어 아둘람(피난처) 동굴에 생명나무를 심는 말씀체험입니다.

미리 준비하기

1 예배실 벽에 생명나무를 만든다. 나뭇가지까지 표현한다. 나무 위에 '아둘람 생명나무'라고 적는다.

· 손바닥(색지)으로 잎을 만들어 붙인다.

진행하기

2 조별로 다양한 색지를 나눠준다. 친구와 교사의 손을 올려 놓고 본을 뜨듯 그린다.

3 색지 손바닥에 자유로이 다양하게 표현한다.

· 친구 이름을 넣어, '친구의 생명', '친구의 샬롬', '친구의 사랑' 등을 적는다.
· 색지 손바닥이 '아둘람 생명나무를 아름답게 하는 잎'이라고 이야기한다.

준비물
- 색지
- 네임펜 / 매직
- 가위
- 양면테이프

더 생각하기
생명나무를 한지로 만들면 구겨서 표현하기 좋습니다. 손바닥 본 뜨기 활동을 하기 전 손의 명칭이나 하는 일 등에 대해 이야기 나눕니다. 손을 잡아보거나 서로 마사지하면 친밀감을 가질 수 있습니다. 면장갑이나 목장갑에 솜을 넣고 꾸미면, 입체적으로 표현할 수 있습니다.

4 색지를 가위로 오리고 손바닥 뒷면에 양면테이프를 붙여 '아둘람 생명나무'에 붙인다.

· 생명나무 앞에서 "슬픈 일이 많지만, 다시 생명을 노래하자"고, "더불어 사랑하며, 샬롬을 노래하자"고 이야기한다.

5 '아둘람 생명나무' 앞에서 사진을 찍어 소중히 기억한다.

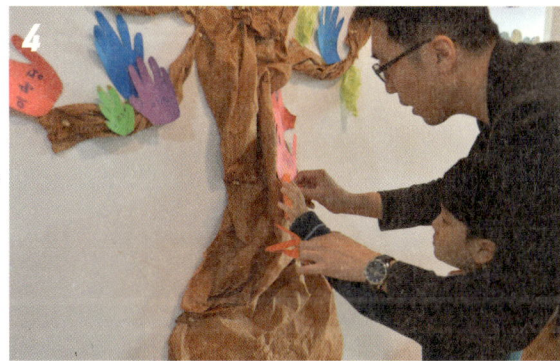

어울리는 찬양 하나님께서 당신을 통해_ 복음성가

말씀체험 | 아둘람 동굴에 생명나무를 심자

2 아둘람(피난처) 동굴에 아픔과 슬픔이 가득하지만, 그곳에 '생명나무'가 자랍니다. 아둘람 동굴 위로 '생명나무'가 뻗어나오는 그림을 그립니다. 각자의 핑거프린트로 앙상한 가지에 열매나 잎을 다는 말씀체험입니다.

미리 준비하기

1 크래프트 전지 아래에 '행복한 아둘람, 우리사랑부(부서 이름)'라고 적는다. 아둘람 동굴 위로 생명나무가 뻗어나오는 그림을 그린다.

· 가지만 있는 앙상한 나무이다.

✱ 손가락 도장을 찍었을 때 알록달록하게, 풍성하게 보이는 게 좋다.

진행하기

2 조별로 '아둘람 동굴과 생명나무' 그림 앞으로 나온다. 좋아하는 색을 고른 후, 생명나무 가지에 알록달록한 열매나 잎을 표현한다.

· 다양한 색상 스탬프와 물티슈를 준비한다.

✱ 스탬프를 세게 찍어야 선명하게 나온다.

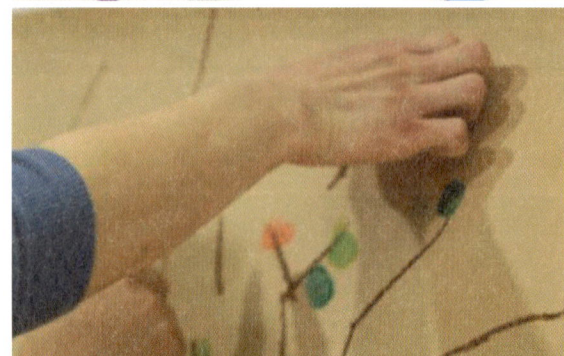

| 준비물 | 크래프트 전지
손가락 도장 스탬프
물티슈, 필기구 | 더 생각하기 | 손가락 도장 찍기가 어려울 경우 나뭇잎, 하트 모양 스탬프, 다양한 모양의 포스트잇을 활용해도 좋습니다. |

3 손가락 도장 아래에 이름을 적는다.

· 교사도 함께 참여한다.

4 '아둘람 생명나무' 앞에서 사진을 찍어 소중히 기억한다.

· 생명나무 앞에서 "슬픈 일이 많지만, 다시 생명을 노래하자"고, "더불어 사랑하며, 샬롬을 노래하자"고 이야기한다.

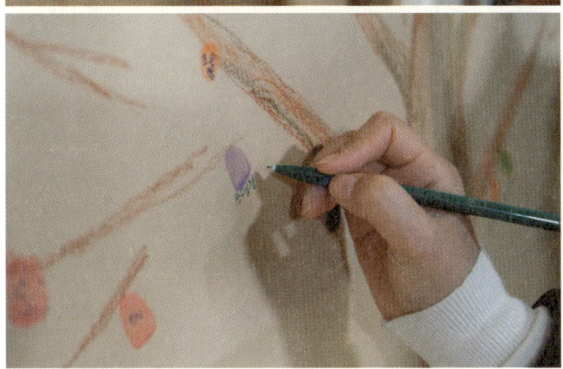

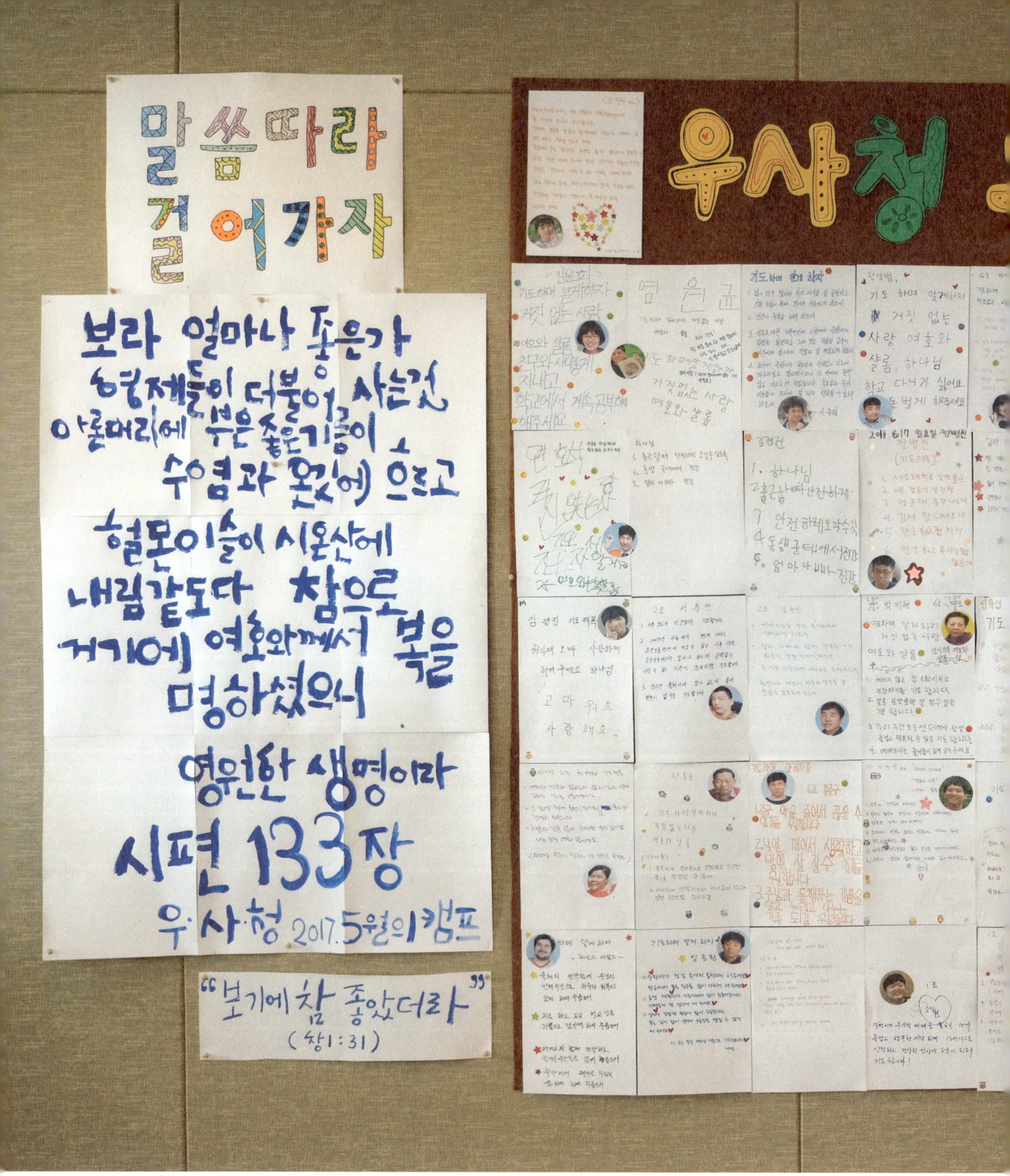

말씀따라
걸어가자
보라 얼마나 좋은가
형제들이 더불어 사는것
아론머리에 부은 좋은기름이
수염과 옷깃에 흐르고
헐몬이슬이 시온산에
내림같도다 참으로
거기에 여호와께서 복을
명하셨으니
영원한 생명이라
시편 133장
우·사·청 2017.5월의 캠프
“보기에 참 좋았더라”
(창1:31)
우사청

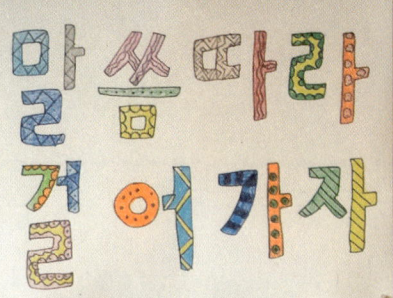

20

기도하기를 쉬지 말자

사무엘은 "하나님에게 구한다, 하나님이 듣는다"는 뜻입니다. 사무엘은 기도하며 하나님의 뜻을 구했고, 이스라엘 백성에게 말씀 따라 살기를 가르쳤습니다. 백성을 위해 기도하지 않는 것을 죄라 여겼습니다. 우리도 하나님의 뜻 안에서 함께 기도하고, 서로 가르치면 좋겠습니다. 마음과 뜻과 힘을 다해 하나님을 예배하고, 말씀을 체험합니다.

사무엘상 12장 19-25절

19. 모든 백성이 사무엘에게 이르되 당신의 종들을 위하여 당신의 하나님 여호와께 기도하여 우리가 죽지 않게 하소서 우리가 우리의 모든 죄에 왕을 구하는 악을 더하였나이다
20. 사무엘이 백성에게 이르되 두려워하지 말라 너희가 과연 이 모든 악을 행하였으나 여호와를 따르는 데에서 돌아서지 말고 오직 너희의 마음을 다하여 여호와를 섬기라
21. 돌아서서 유익하게도 못하며 구원하지도 못하는 헛된 것을 따르지 말라 그들은 헛되니라
22. 여호와께서는 너희를 자기 백성으로 삼으신 것을 기뻐하셨으므로 여호와께서는 그의 크신 이름을 위해서라도 자기 백성을 버리지 아니하실 것이요
23. 나는 너희를 위하여 기도하기를 쉬는 죄를 여호와 앞에 결단코 범하지 아니하고 선하고 의로운 길을 너희에게 가르칠 것인즉
24. 너희는 여호와께서 너희를 위하여 행하신 그 큰 일을 생각하여 오직 그를 경외하며 너희의 마음을 다하여 진실히 섬기라
25. 만일 너희가 여전히 악을 행하면 너희와 너희 왕이 다 멸망하리라

사람의 욕심은 보암직하고 먹음직하고 지혜롭게 할 만큼 탐스러운 것을 바랍니다. 여호와 하나님은 자신에게 등을 돌린 이들에게 묻습니다. "아담아, 어디 있느냐(창3:9)", "가인아, 네 아우 아벨이 어디 있느냐(창4:9)", "너희가 내 목소리를 듣지 아니하였으니 어찌하여 그리하였느냐(삿2:2)"고 물으며 안타까워합니다. 탐욕으로 벌어진 일을 모두 알지만, 스스로 돌이킬 수 있는 시간을 줍니다. 자기 사랑에서 우리사랑으로 돌이키고, 그분의 바람에 합한 삶을 선택하라는 것입니다.

다시 사랑하며 살아갈 수 있는 기회, 생명처럼 소중히 여기라는 것입니다. 여호와 하나님의 기다림을 당연하다고 여기면 안 됩니다. 사사시대 신앙암흑기가 그랬습니다. 그때 여호와 하나님의 사자(使者)는 길갈(돌로 만든 고리)에서 보김(우는 자들)으로 이동합니다(삿2:1). 이스라엘 백성의 욕심과 타락은 여호와 하나님을 늘 아프게 합니다. 그분의 희망은 언제나 어디서나 더불어 샬롬입니다. 그것이 온데간데없이 사라진 사사시대에도 우는 자들과 함께 이어갑니다.

캄캄한 사사시대를 지나 "하나님에게 구한다, 하나님이 듣는다"라는 뜻의 사무엘을 만납니다. 타락한 엘리 제사장 이야기에 낙심하다가 "하나님의 등불은 아직 꺼지지 아니하였으며 사무엘은 하나님의 궤 있는 여호와의 전 안에 누웠더니(삼상3:3)"라는 반가운 소식을 듣습니다. 여호와 하나님의 등불이 다 꺼진 줄 알았는데 아니었습니다. 어린 사무엘이 특별해서가 아닙니다.

언약궤가 있는 성전 안에 누웠을 뿐입니다. 그분이 어린 아이와 함께 희망을 노래합니다.

"나는 너희를 애굽 땅 종 되었던 곳에서 인도한 네 하나님 여호와다(출20:2)"라는 영원한 첫 언약을 되새깁니다. 사무엘은 여호와 하나님의 뜻을 구하며, 들으며, 따르며 삽니다. 그에게 기도는 결코 멈출 수 없는 생명과 사명과 계명입니다. 이스라엘 백성은 약속의 땅에서 욕심에 취해 정신을 못 차립니다. 자신의 필요를 따라 우상을 만들어 섬깁니다. 여호와 하나님이 보기에 악한 일을 선택합니다. 결국 이스라엘 백성은 보란듯이 멸망하게 될 것입니다.

사무엘은 가만히 지켜볼 수 없었습니다. 듣는 이가 많지 않고, 힘겨워 포기하고 싶었지만, 다시 힘을 냅니다. 여호와 하나님의 샬롬이 이스라엘 백성에게 전해지길, 이루어지길 기도합니다. 그분과 자신과 이웃을 바르게 사랑하는 삶을 가르칩니다. 탐욕과 타락을 구체적으로 회개하라고 합니다. 무엇이 옳고 무엇이 그른지 하나하나 알려줍니다. 여호와 하나님의 아슬아슬한 희망 안에서 서로를 위해 기도하고 가르치면 좋겠습니다.

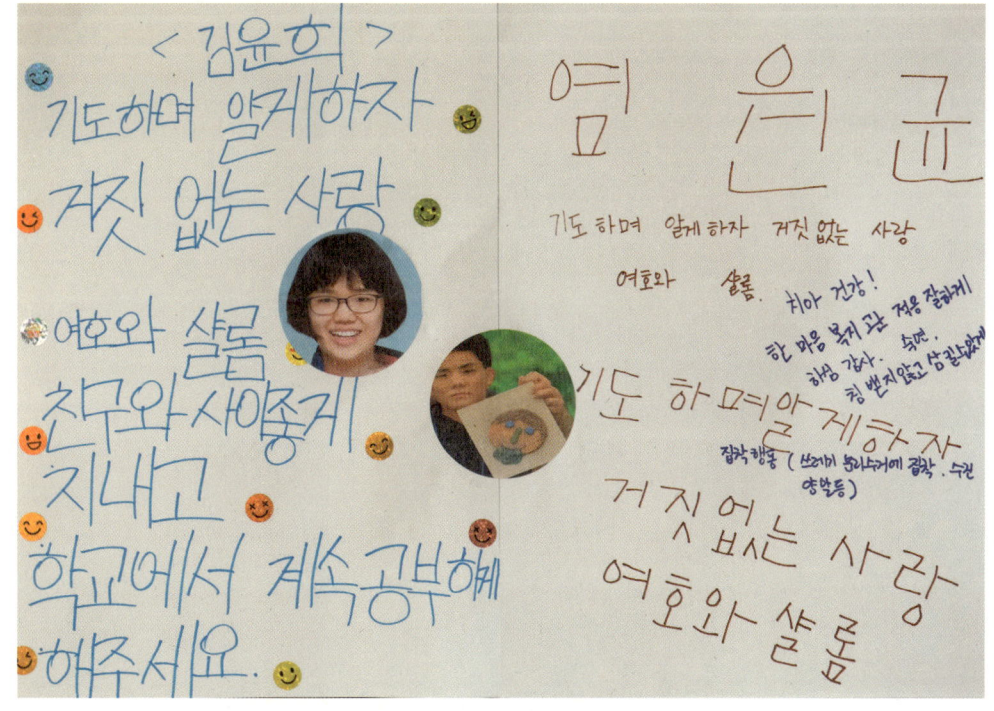

| 말씀체험 | **기도하기를 쉬지 말자**

> 친구와 함께 자신과 가족의 기도제목을 적습니다. 서로의 얼굴과 기도문을 보며, 여호와 하나님의 샬롬 안에서 함께 기도하고 응원하는 말씀체험입니다.

미리 준비하기

1 주중에 친구 가정에 연락해서, 최근 가족 기도제목을 받는다. 메시지로 받거나, 또는 종이에 적어오도록 안내한다.

- 말씀체험을 준비하고, 진행하고, 돌아보며 자연스럽게 가정과 소통한다.

진행하기

2 기도문 위에 친구 이름을 적는다. 원형 라벨지 얼굴 사진을 붙인다. 최근 가족 기도제목을 적는다.

- 그림과 스티커 등으로 꾸민다.

✱ 내용이 길다면 교사가 미리 요약한다.

준비물
- 원형 라벨지 얼굴 사진
- 색지(A4)
- 색연필 / 네임펜 / 스티커
- 벨크로 테이프

더 생각하기
사진을 공개해도 괜찮은 가족은 미리 가족사진을 받습니다. 인화(또는 출력)해서 기도문에 붙이고 꾸밉니다. 친구도 자신의 가족 사진을 보며 더 관심을 가지고 활동할 수 있습니다.

---

3 예배실 뒷면에 부직포로 기도판을 만들고, 위에 '(부서 이름) 우리기도'라고 적는다. 기도문 뒷면에 벨크로 테이프를 붙인다. 조별로 기도판에 기도문을 붙인다.

4 기도문을 다 붙인 다음, 조별로 다시 기도판에 나온다. 친구 얼굴과 기도제목을 눈으로 보고, 입으로 읽고, 손으로 만지며, "내가 계속 기도할게"라고 이야기한다.

- 주일마다 짧게라도 기도문 앞에서 기도한다.
- 기도와 사랑 모두 소중히 이어져야 함을 친구에게 가르친다.

5 기도판 앞에서 사진을 찍어 소중히 기억한다.

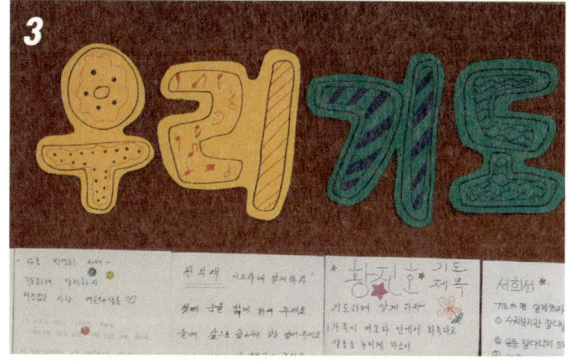
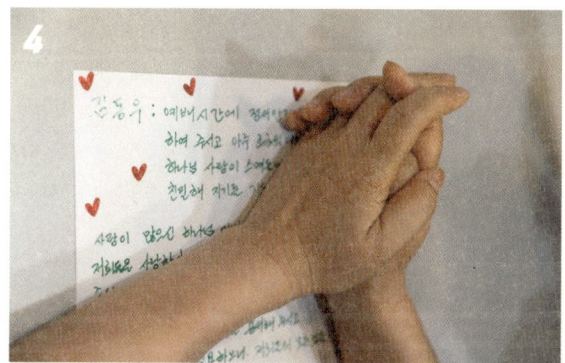
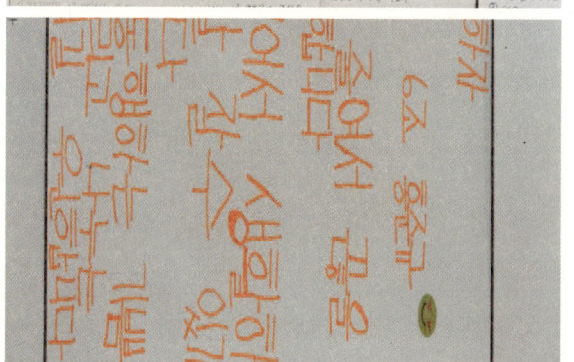
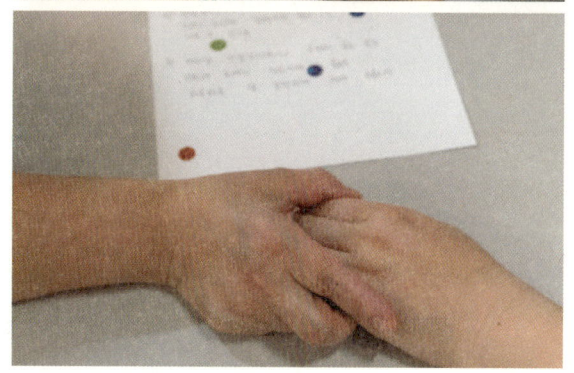

어울리는 찬양 누군가 널 위해 기도하네 _ 복음성가

21

여호와는
나의 목자

양은 믿음직한 목자 없이 살 수 없고, 목자는 지켜야 할 양 없이 살 수 없습니다. 서로가 서로에게 속해 있기 때문에, 생의 희로애락을 함께합니다. "여호와는 나의 목자시니 내가 부족함이 없습니다"라는 고백은 목자의 고군분투를 아는 양의 감사의 노래입니다. 마음과 뜻과 힘을 다해 하나님을 예배하고, 말씀을 체험합니다.

성경 본문

시편 23편 1-6절

1. 여호와는 나의 목자시니 내게 부족함이 없으리로다
2. 그가 나를 푸른 풀밭에 누이시며 쉴 만한 물 가로 인도하시는도다
3. 내 영혼을 소생시키시고 자기 이름을 위하여 의의 길로 인도하시는도다
4. 내가 사망의 음침한 골짜기로 다닐지라도 해를 두려워하지 않을 것은 주께서 나와 함께 하심이라 주의 지팡이와 막대기가 나를 안위하시나이다
5. 주께서 내 원수의 목전에서 내게 상을 차려 주시고 기름을 내 머리에 부으셨으니 내 잔이 넘치나이다
6. 내 평생에 선하심과 인자하심이 반드시 나를 따르리니 내가 여호와의 집에 영원히 살리로다

성경 배경

양은 몸과 마음이 무척 약합니다. 믿음직한 목자가 필요합니다. 커다란 몸집에 비해 발목이 약해 자주 넘어집니다. 뒤집히면 스스로 일어서지 못하고 발버둥 치다가 배에 가스가 차고 숨이 막힙니다. 겁은 많은데, 참을성이 없어 자주 놀랍니다. 눈은 어두운데, 혼자 다니고 싶어 길을 잃기 쉽습니다. 스스로 자신을 지킬 힘이 없습니다. 게으르고, 성격이 예민합니다. 서로 돌아보지 못합니다. 목자의 돌봄 없이는 하루를 살아내기 어렵습니다.

우리는 양 같고, 양은 우리 같습니다. 여호와 하나님은 믿음직한 목자입니다. 양은 목자의 애씀을, 자신을 지키고자 최선을 다함을 서서히 알아갑니다. 선한 목자가 나를 알며, 함께하며, 인도한다는 것을, 목자의 선함과 인자함이 내 평생을 기필코 따른다는 것을, 시편 23편은 목자의 마음을 아는 양의 고마운 마음이자 노래입니다. 인생 황혼기에 접어든 다윗이 지나온 생을 돌아보고, 남은 생을 바라보며 부른 노래입니다.

목동 출신이었던 다윗은 목자의 보살핌 없이는 양이 살 수 없다는 것을 잘 압니다. 여호와 하나님과 자신의 관계는 믿음직한 목자와 약하디 약한 양의 관계입니다. 다윗은 양의 생명이 목자의 생명과 하나임을 압니다. 그는 "여호와는 나의 목자시니 내게 부족함이 없으리로다(시 23:1)"고 고백합니다. 모든 것을 다 가졌다는 뜻이 아닙니다.

다윗은 여호와 하나님이 자신의 목자라는 사실만으로 충분했습니다. 하나님은 여호와라는 자신의 이름을 걸고 그를 인도했습니다. 죽음의 골짜기를 함께 했습니다. 막대기로 따뜻하게 쓰다듬고, 몽둥이로 용감하게 싸웠습니다. 원수가 보는 앞에서 배불리 먹였습니다. 유대광야에는 풀밭과 물가를 찾기가 어렵습니다. 그런데 굶어죽지 않았습니다. 벌레가 꼬이지 않도록, 병에 걸리지 않도록 좋은 기름을 머리에 발랐습니다.

자신이 목자를 따랐다고 여겼으나 돌아보니 아니었습니다. 여호와 하나님의 선함과 인자함이 자신의 죽음까지 함께함을 깨달았습니다. 그래서 노래합니다. 죽음이 끝이 아니며, 목자의 집에서 영원히 사는 날의 시작이라고. 시편 23편은 "믿음직한 목자, 여호와 하나님이 필요해요"라는 바람이 아닙니다. "믿음직한 목자, 여호와 하나님이 함께해요"라는 감사의 고백입니다.

에스겔 선지자는 여호와의 구원을 위해 기름 부음 받은 메시아를 소개하며 다윗을 이야기합니다. "내가 한 목자를 그들 위에 세워 먹이게 하리니 그는 내 종 다윗이라 그가 그들을 먹이고 그들의 목자가 될지라 나 여호와는 그들의 하나님이 되고 내 종 다윗은 그들 중에 왕이 되리라 나 여호와의 말이니라 내가 또 그들과 화평의 언약을 맺고 악한 짐승을 그 땅에서 그치게 하리니 그들이 빈 들에 평안히 거하며 수풀 가운데에서 잘지라(겔34:23-25)"

유대광야를 함께 걷는 목자와 양은 희로애락을 공유하며 연대합니다. 시간이 흐를수록 목자와 양은 믿음이 깊어집니다. 우리 인생 여정도 그러하길 희망합니다.

| 말씀 체험 | **여호와는 나의 목자** | 목자 여호와 하나님은 자신의 양을 끝까지 책임집니다. 그분의 선함과 인자함 안에서 양은 함께 합니다. 친구들 스스로 자신을 여호와의 양이라 고백하며, 양을 다양하게 표현하는 말씀체험입니다.

진행하기

1 양 이미지 위에 "나는 여호와의 양입니다" 또는 "여화와는 ○○의 목자"라고 적습니다. 양 이미지 얼굴에 자신의 라벨지 얼굴 사진을 붙인다.

2 이미지 몸에 붙일 양털을 만든다.

· 휴지를 얇게 말은 후 원형으로 겹겹이 돌려 양털을 표현한다.

✱ 양털이 고르지 않기 때문에, 깔끔하게 만들지 않아도 된다.

| 준비물 | 양 이미지
원형 라벨지 얼굴 사진
풀 / 휴지 / 솜 / 털실
색연필 / 네임펜 | 더 생각하기 | 개인 작품이 아닌 협동 작품으로 진행할 수 있습니다. 전지 위에 초원과 목장을 꾸미고, 양을 모두 붙입니다. 양을 입체적으로 만들어 붙인다면, 더 재미있는 활동이 가능합니다. |

3 양털 단면에 풀을 붙여 양 이미지 몸에 붙인다. 휴지를 하나씩 말아서 붙이기를 반복한다. 친구 얼굴과 잘 어우러지도록 촘촘하게 붙인다.

* 색연필과 네임펜으로 양털에 색을 칠해도 좋다.
  휴지와 함께 털실과 솜으로 양털을 표현해도 좋다.

4 양을 들고 사진을 찍어 소중히 기억한다.

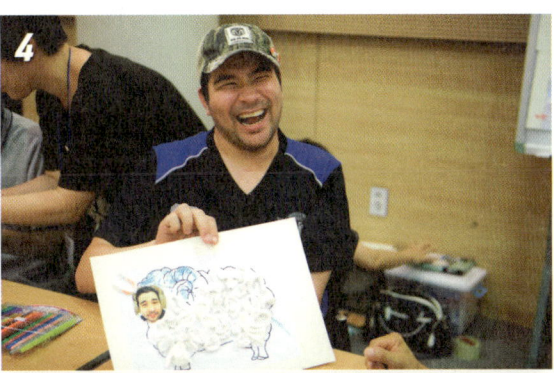

어울리는 찬양 ♪♬ 선한 목자 되신 우리 주_ 찬송가 569장

| 말씀체험 | 여호와는 나의 목자 | | 목자이신 여호와 하나님은 자신의 양을 끝까지 책임집니다. 그분의 선함과 인자함 안에서 양은 함께합니다. 친구들 각자 다양한 모습으로 양 가면을 만듭니다. 양들이 모여 시편 23편을 노래하는 말씀체험입니다. |

미리 준비하기

1 양 가면을 만들 종이접시 안을 얼굴이 들어가도록 동그랗게 자른다. 손으로 들 수 있도록 나무막대기를 글루건으로 붙인다(손잡이).

진행하기

2 물티슈로 플레이 콘의 붙일 면을 적신 후, 종이접시에 동그랗게 붙인다.

· 소근육 활동이 힘든 친구는 교사가 손을 잡고 함께한다.

| 준비물 | 물티슈
나무 막대기 / 종이접시 / 글루건
플레이 콘
종이 / 가위 / 칼 | 더 생각하기 | 플레이콘 대신 털실, 티슈, 폼폼이 등 다양한 재료를 사용해도 좋습니다. 움직임이 많은 친구는 사진을 잘 찍기가 어렵습니다. 사진 찍는 시간을 더 늘려도 괜찮습니다. |

3 양 가면을 쓰고, 친구에게 "여호와 하나님은 우리의 목자야", "우리는 부족하지 않아", "목자의 선한 사랑이 끝까지 함께해", "여호와 하나님의 집에서 영원히 살자" 등을 이야기한다.

· 시편 23편 내용 중에서 자유로이 선택한다.

4 양 가면을 쓰고 사진을 찍어 소중히 기억한다.

말씀체험

여호와는 나의 목자

3 시편 23편 2-3절인 "그가 나를 푸른 풀밭에서 쉬게 하십니다. 여호와는 나를 잔잔한 물가로 이끌어 쉬게 하시며 나에게 새 힘을 주십니다. 자신의 이름을 위하여, 주님은 나를 의로운 길로 인도하십니다"를 경험하고자, 서로의 손과 발과 몸과 마음을 주무르는 말씀체험입니다.

진행하기

1 서로 마사지할 짝을 정한다(같은 성별). 교사가 친구를 먼저 마사지한다. 가능한 경우 친구가 교사를 마사지한다.

· 동물 중에서 거북이와 양만이 뒤집어지면 스스로 일어나지 못한다. "나에게 새 힘을 주십니다(시23:3)"는 말씀은 뒤집어진 양을 일으키는 장면이다. 양은 힘이 다 빠지고, 피도 잘 통하지 않는다. 일으킨다 해서 바로 걸을 수도 없다. 목자는 뒤집어진 양에게 새 힘을 주고자, 몸 이곳저곳을 주무른다. 피가 다시 통하고 힘이 날 때까지.

2 마사지 하는 동안 '목자가 뒤집어진 양을 찾아 달려가는, 새 힘을 주고자 주무르는, 일으켜 세우는, 다시 걷게 하는 이야기'를 나눈다.

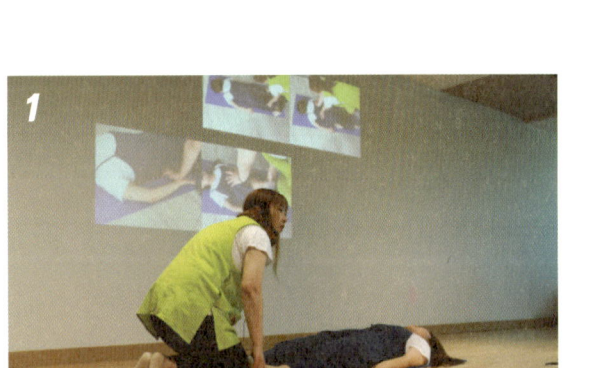

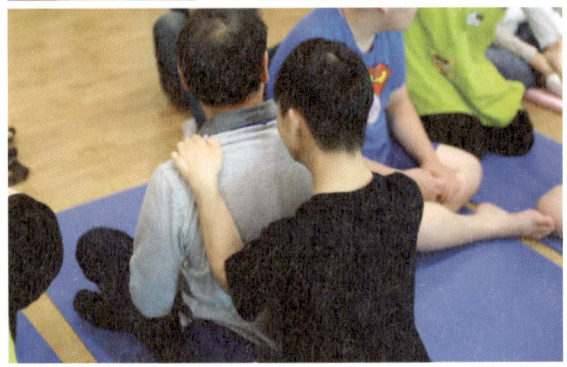

준비물 { 매트
물티슈
마사지크림

더 생각하기 { 마사지를 받을 때 청바지나 치마를 입고 오면 활동하기 불편합니다. 전날 가정에 연락해서 편한 옷을 입고 오게 합니다. 당일에 가지고 와도 됩니다.

3 손과 발을 물티슈로 닦는다. 친구를 매트에 편히 눕히고, 목자의 사랑으로 손과 발을 주무른다. 다리와 팔과 어깨도 주무른다.

· 굳어 있는 마음까지 부드러워진다.

✱ 마사지크림을 사용해도 좋다.

4 마사지를 마친 후 같이 사진을 찍어 소중히 기억한다.

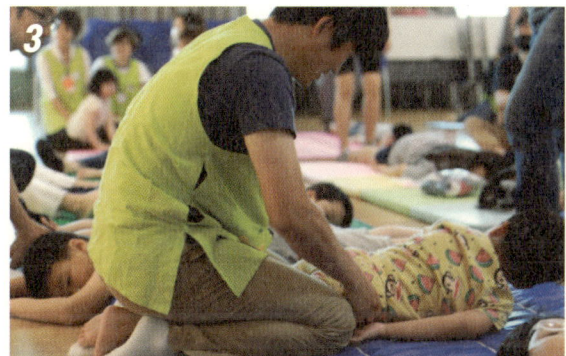
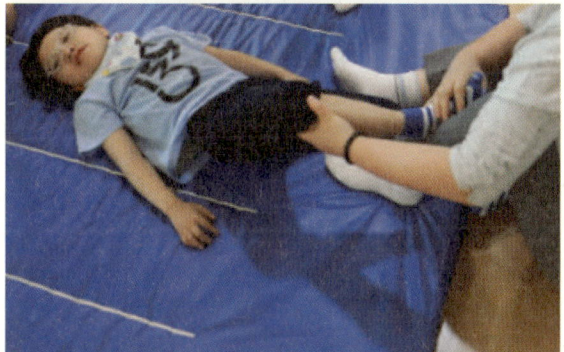
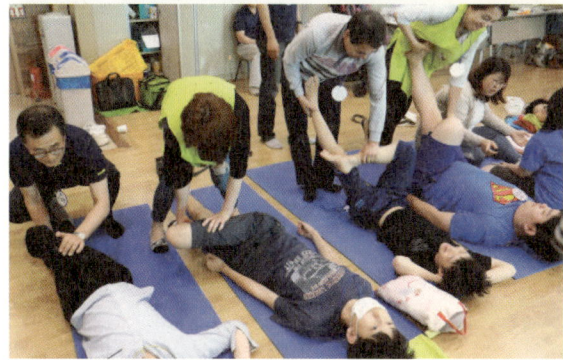
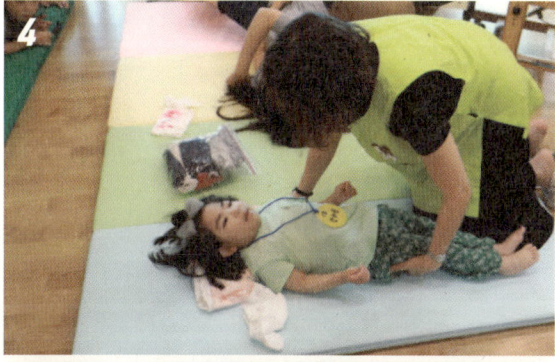

22

이슬 같은 우리사랑, 흘러라

신앙공동체에 속한 이들이 "얼마나 좋고 즐거운가"라며 서로를 환대하면 좋겠습니다. 대제사장 아론의 몸과 마음에 흐르는 향유처럼, 헐몬산에 내려 시온산까지 흐르는 이슬처럼, 우리사랑이 이어지길 희망합니다. 영원한 생명의 복은 서로가 서로에게 흐르는 사랑에 깃듭니다. 마음과 뜻과 힘을 다해 하나님을 예배하고, 말씀을 체험합니다.

> **성경 본문**
>
> **시편 133편 1-3절**
>
> 1. 보라 형제가 연합하여 동거함이 어찌 그리 선하고 아름다운고
> 2. 머리에 있는 보배로운 기름이 수염 곧 아론의 수염에 흘러서 그의 옷깃까지 내림 같고
> 3. 헐몬의 이슬이 시온의 산들에 내림 같도다 거기서 여호와께서 복을 명령하셨나니 곧 영생이로다

> **성경 배경**

라르쉬(L'Arche, 방주, 장애인공동체, 1964-) 설립자 장 바니에(Jean Vanier, 1928.09.10-)는 '만남은 드물고도 놀라운 일, 서로가 서로에게 존재하게 되는 일, 서로가 서로에게 함께 있어 주는 일, 그리고 서로에게로 흘러드는 생명'이라고 했습니다. 그는 "공동체에서 산다는 것은 하나님 아버지를 신뢰하는 가운데 한밤에 눈물을 흘리며 홀로 걸어가는 법을 배우는 것"이라고 했습니다. 형제들이 함께 산다는 것은, 마냥 좋은 것도 나쁘기만 한 것도 아닙니다. 그렇게 살 때만 만나는 희로애락이 있습니다.

시편 133편은 신앙공동체를 낭만적으로 그렸습니다. 노래를 지은 다윗의 생은 무척 고단했습니다. 형제로 여긴 이들이 등을 돌렸습니다. 문학의 근간은 생의 희로애락입니다. 다윗은 시편 133편에서 힘겨운 시간을 버티게 한 형제애를 표현합니다. 대제사장 아론의 몸에 흐르는 향유처럼, 헐몬산에 내려 시온산까지 흐르는 이슬처럼, 형제들과 함께 나눈 사랑에 감탄합니다.

아론은 광야에서 금송아지 사건(출32)을 주도합니다. 눈에 보이는 하나님이 필요했기에, 이집트에서 보았던 금송아지를 만듭니다. 그것을 하나님이라 여기고, 여호와라는 이름까지 붙입니다. 대제사장으로 세워지기 전입니다. 그릇된 선택을 한 그에게 기회가 주어질까요. 레위기 8장은 아론이 대제사장으로 취임하는 장면입니다. 모세는 하나님과 이스라엘 백성 앞에서 아론을 대제사장으로 세웁니다. 모세가 그의 머리에 향유를 붓자, 수염과 예복을 적시며 흘러내립니다. 다시 일어설 수 있는 응원과 격려입니다. 아론은 그날을 결코 잊지 못했을 것입니다.

다윗은 헐몬산 정상에 내리는 이슬을 이야기합니다. 헐몬산은 이스라엘에서 가장 높은(해발 2,800m) 산입니다. 정상에는 일 년 내내 눈이 쌓입니다. 일교차가 심해서 아침마다 이슬이 내립니다. 이슬이 정상의 눈을 녹이고, 물이 모여 계곡을 이루고, 이스라엘 젖줄인 요단강에 흐릅니다. 굽이굽이 이어진 강을 따라 갈릴리해를 지납니다. 헐몬산에서 약 250km 떨어진 시온산에 닿습니다. 요단강은 사해에서 멈춥니다. 헐몬산 정상의 아침이슬이 이스라엘 전역에 마실 물을 전합니다.

아론에게 부어진 향유와 헐몬산에 내린 이슬은 형제를 다시 일으켜 살게 하는 희망입니다. 우

리사랑과 더불어 샬롬입니다. 다윗은 그곳에 여호와의 복이 임한다고 합니다. 영원한 생명을 누리며 나누는 신앙공동체, 얼마나 좋고 즐거운가요. 일주일을 분으로 환산하면 1만 80분입니다. 주일에 함께하는 80여 분 동안 '우리사랑과 더불어 샬롬'을 만끽하면 좋겠습니다. 이슬 같은 시간은 한주의 남은 1만 분 동안 유유히, 복되게 흐를 것입니다.

| 말씀체험 | 이슬 같은 우리사랑, 흘러라 |

> 우리사랑과 더불어 샬롬은 헐몬산 정상의 눈을 녹이는 아침이슬 같습니다. 요단강을 타고 흘러 시온산에 이르는 강물 같습니다. 내리는 아침이슬처럼, 흐르는 강물처럼 서로가 서로에게 닿으면 좋겠습니다. 산과 이슬과 강과 강물이 어우러지는, 눈으로 보고, 귀로 듣고, 손으로 만지는 말씀체험입니다.

미리 준비하기

1 예배실 앞쪽에 눈 덮인 헐몬산과 뒤쪽에 시온산, 그리고 두 산을 잇는 요단강을 모형으로 설치한다.

2 헐몬산 위에 눈(솜)을 수북히 덮는다.

3 헐몬산에서부터 시온산까지 이어진 요단강(우리사랑의 강)을 바닥에 표현한다(파란색 비닐).

✱ 비닐이 미끄러우므로 조심한다.

| 준비물 | 헐몬산과 시온산 모형 만들 재료
(두꺼운 색전지 / 색 부직포 / 솜 /
나무모형 / 꽃모형 / 풀 / 글루건)
요단강 만들 재료(파란색 비닐)
종이벽돌 / 미스트(보습 스프레이) | 더 생각하기 | 활동 전 시청각 이미지(사진이나 영상)로 강물이 흐르는 자연 현상을 보여줍니다. 흥미를 가지고 관찰할 수 있도록 사전 교육을 하면 좋습니다. 아침이슬이 내리는 장면이나 요단강이 흐르는 모습을 볼 때 물이 흐르는 소리를 함께 들려주면 좋습니다. |

진행하기

4 헐몬산에서부터 시온산까지 이어진 요단강에 종이벽돌 도미노를 세운다.

· 흐르는 요단강을 표현하기 위해 종이벽돌을 세워 넘어뜨리려고 한다.

✱ 종이벽돌을 강물색과 비슷한 종이로 감싸면 더 좋다.

5 미스트를 이용하여 헐몬산에 아침이슬이 내리는 장면을 표현한다. 조별로 1명의 교사가 헐몬산으로 나온다. 교사에게 미스트(보습 스프레이)를 준다. 다같이 "하나! 둘! 셋!"을 외치면, 헐몬산에 미스트를 뿌린다. 헐몬산 눈을 녹이는 아침이슬이 된다.

· 다 같이 "우리사랑의 강아! 흘러라 흘러라 흘러라", "이슬같은 우리사랑! 흘러라 흘러라 흘러라"를 외친다.

6 친구 한 명이 헐몬산 앞 종이벽돌 도미노를 넘어뜨린다. 도미노는 시온산까지 멈추지 않고 넘어져야 한다.

· 종이벽돌 도미노는 '흐르는 요단강 같은 우리사랑'을 의미한다.

✱ 종이벽돌 도미노가 멈추었다면 다시 넘어뜨린다.

7 조별로 헐몬산과 요단강과 시온산 앞에서 사진을 찍어 소중히 기억한다.

· 헐몬산 아침이슬을 표현한 미스트를 조별로 나눈다.
· 구호를 외치며, 친구 얼굴에 뿌려주면 무척 좋아한다.

어울리는 찬양 ♪♫ 너는 그리스도의 향기라 _ 복음성가

| 말씀 체험 | 이슬 같은 우리사랑, 흘러라

2 { 슬픔과 괴로움을 함께할 수 있는 친구는 어둠을 밝히는 빛과 같습니다. 슬프고 괴로운 마음을 검은색 사각틀로 표현합니다. 나와 함께하는 고마운 친구를 생각하며, 시편 133편으로 틀을 아름답게 꾸미는 말씀체험입니다.

진행하기

1 전지사이즈 검은색 두꺼운 종이 안쪽을 사각형으로 자른다. 검은색 사각틀을 조별로 나눈다.

- 형광매직 등으로 검은색 틀에 글씨를 쓰고, 틀 안에 들어가 사진을 찍으려 한다.
- 이것을 감안하여 자르는 크기를 정한다.

2 친구와 함께 시편 133편 말씀 일부를 적는다.

- 기억하고 싶은 표현이나 좋아하는 단어를 선택한다.
- 각색해도 좋다. 얼마나 기쁘고 좋은가, 형제들과 더불어 샬롬, 좋은 기름, 아침이슬, 흐르는 우리사랑, 여호와의 복, 영원한 생명 등

준비물	검은색 두꺼운 종이(A2) 굵은 펜(형광매직이나 검은색 바탕에서도 잘 보이는) 스티커 / 칼	더 생각하기	글씨를 못 쓰는 친구를 위해 친구들 이름이 쓰여진 이슬방울 모양을 사각틀 상단 좌우에 붙여 꾸밉니다. 사각틀 하단은 강물처럼 표현합니다. 그 위에 나무, 꽃, 물고기, 새 등의 자연물을 그립니다. 미리 준비한 그림 또는 스티커를 붙이면 틀이 더 풍성해질 것입니다.

3 나와 함께하는 친구 이름을 적는다. 친구에게 하고 싶은 고마운 이야기나 응원하는 이야기를 적는다. 사각틀 여백을 자유롭게 꾸민다.

4 시편 133편으로 알록달록하게 꾸민 사각틀 안에 얼굴을 모으고, 환하게 웃으며 사진을 찍어 소중히 기억한다.

23

듣는 마음
잊지 말자

솔로몬은 하나님의 뜻 안에서 무엇이 옳고 그른지 알고, 듣고 싶었습니다. 백성을 잘 다스리고 싶었습니다. 지혜는 하나님의 뜻을 아는, 듣는 마음입니다. 그러나 솔로몬은 자기 멋대로 살고자, 하나님의 뜻을 아는, 듣는 마음을 닫습니다. 돈과 여자와 우상에 취해 인생을 낭비합니다. 아는, 듣는 마음을 소중히 간직하길 희망합니다. 마음과 뜻과 힘을 다해 하나님을 예배하고, 말씀을 체험합니다.

성경 본문

열왕기상 3장 4-10절

4. 이에 왕이 제사하러 기브온으로 가니 거기는 산당이 큼이라 솔로몬이 그 제단에 일천 번제를 드렸더니
5. 기브온에서 밤에 여호와께서 솔로몬의 꿈에 나타나시니라 하나님이 이르시되 내가 네게 무엇을 줄꼬 너는 구하라
6. 솔로몬이 이르되 주의 종 내 아버지 다윗이 성실과 공의와 정직한 마음으로 주와 함께 주 앞에서 행하므로 주께서 그에게 큰 은혜를 베푸셨고 주께서 또 그를 위하여 이 큰 은혜를 항상 주사 오늘과 같이 그의 자리에 앉을 아들을 그에게 주셨나이다
7. 나의 하나님 여호와여 주께서 종으로 종의 아버지 다윗을 대신하여 왕이 되게 하셨사오나 종은 작은 아이라 출입할 줄을 알지 못하고
8. 주께서 택하신 백성 가운데 있나이다 그들은 큰 백성이라 수효가 많아서 셀 수도 없고 기록할 수도 없사오니
9. 누가 주의 이 많은 백성을 재판할 수 있사오리이까 듣는 마음을 종에게 주사 주의 백성을 재판하여 선악을 분별하게 하옵소서
10. 솔로몬이 이것을 구하매 그 말씀이 주의 마음에 든지라

성경 배경

성경의 첫 단어인 '처음에(창1:1, 태초에)'부터 마지막 단어인 '아멘(계22:21)'까지 여호와 하나님의 희망은 우직하게 이어집니다. 그분은 창조한 모든 것을 보고 "참으로 좋았다(창1:31)"고 했습니다. 이것은 더 이상 좋을 수 없는, 충만한 기쁨을 의미합니다. 샬롬은 창조주와 모든 피조물이 더불어 누리는 행복입니다. 성경은 '샬롬의 창조', '샬롬의 상실', '샬롬의 촉구', '샬롬의 회상', '샬롬의 회복', '샬롬의 완성'으로 이어집니다.

무엇이든 흔하게 사용하면, 흔하게 여기게 되기 마련입니다. 교회에서 자주 하는 인사말, 샬롬이 그렇습니다. 의미를 깊이 생각하지 않았기 때문에 허공을 떠다니는 말이 되기 쉽습니다. 샬롬을 향한 창조주의 그리움과 기다림을 담지 못합니다. 우리는 왜 솔로몬처럼 '샬롬'을 가볍게 대하는 것일까요. 솔로몬의 어원은 샬롬입니다. 그는 여호와 하나님의 뜻을 아는, 듣는 마음을 잊었습니다. 그분의 뜻 안에서 무엇이 옳고 그른지 더 이상 생각하거나 선택하지 않았습니다.

처음에는 괜찮았으나, 손에 가진 것이 많아지니 변했습니다. 욕심을 따르고 싶기 때문에, 그분의 뜻을 알거나 듣고 싶지 않았습니다. 보암직하고 먹음직하고 지혜롭게 할 만큼 탐스러운 것에 마음을 열고 맙니다. 한때 지혜로웠던 솔로몬, 한때 샬롬을 바랐던 솔로몬은 속절없이, 보

란듯이 무너집니다. 허랑방탕하게 살다가 뒤늦게 후회합니다.

  그는 "헛되고 헛되며 헛되고 헛되니 모든 것이 헛되도다 해 아래에서 수고하는 모든 수고가 사람에게 무엇이 유익한가(전1:2-3)"라며, "일의 결국을 다 들었으니 하나님을 경외하고 그의 명령들을 지킬지어다 이것이 모든 사람의 본분이니라 하나님은 모든 행위와 모든 은밀한 일을 선악 간에 심판하시리라(전12:13-14)"고 합니다. 솔로몬의 인생은 화려한만큼 초라했습니다. 여호와 하나님도 그를 무척 안타까워했습니다.

  솔로몬이 잊어버린, 잃어버린 것은 무엇인가요. 여호와 하나님의 뜻을 아는, 듣는 마음입니다. 신명기 6장 4-5절, "들어라 이스라엘아 우리 하나님 여호와는 오직 한분이시니 너는 마음과 뜻과 힘을 다해 네 하나님 여호와를 사랑하라"입니다. 여호와 하나님은 이 말씀을 손목에 매고, 머리에 두르고, 문에 붙여 잊지 말라고 했습니다. 여호와 하나님의 샬롬을 누리며 나누고 싶나요. 그분의 뜻을 아는, 듣는 마음을 잊거나 잃지 말아야 합니다. 샬롬은 마음과 뜻과 힘을 다해 하나님과 자신과 이웃을 사랑하는 삶입니다.

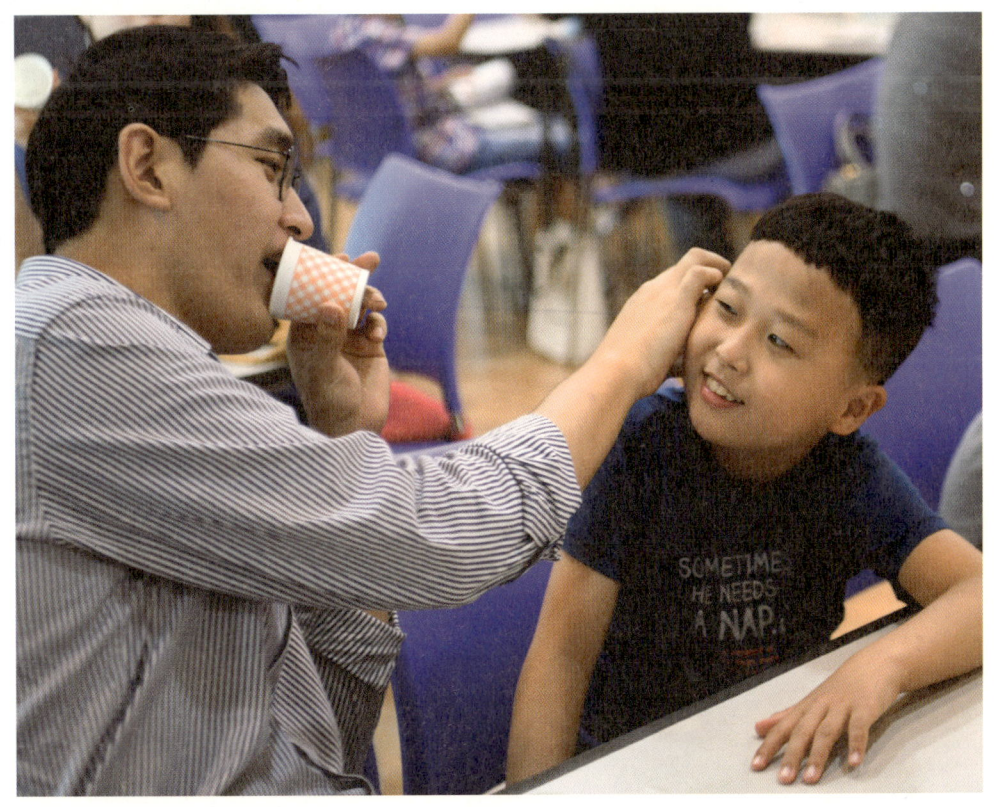

말씀 체험 | 듣는 마음 잊지 말자

여호와 하나님의 뜻을 듣는(아는) 마음을 잊지(잃지) 않고자 종이컵 전화기를 만들어 신명기 6장 4-5절을 이야기하는 말씀 체험입니다.

미리 준비하기

1 1인당 종이컵 2개를 나눠 준다.

- 종이컵 바닥에 작은 구멍을 뚫는다.
- 종이컵 두 개를 연결할 실 양쪽 끝에 이쑤시개를 묶는다.

진행하기

2 라벨지 하나에 '하나님의 음성'이라고 적고 다른 하나에 '듣는 마음 잊지 않기'라고 적는다. 종이컵 두 개에 라벨지를 각각 붙인다. 색연필과 스티커 등으로 종이컵을 예쁘게 꾸민다.

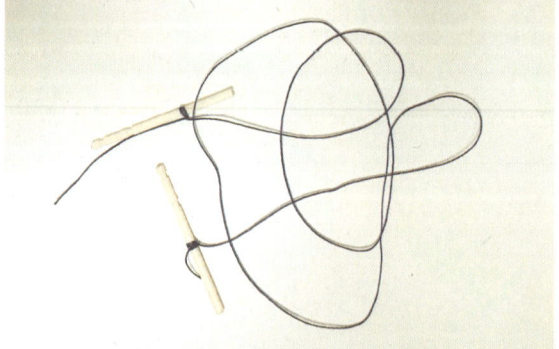

| 준비물 | 종이컵
실 / 이쑤시개
라벨지
색연필 / 스티커 | 더 생각하기 | 다양하게 듣고 기억하는 방법을 체험하게 합니다. 수화 배우기, 점자 찍어보기 등의 활동을 추가할 수 있습니다. 간단한 수화 단어와 점자는 인터넷에서 쉽게 찾을 수 있습니다. |

3 미리 구멍을 뚫은 종이컵 두 개를 이쑤시개가 묶인 실로 연결하여 종이컵 전화기를 만든다. 한개 씩 들고 실이 팽팽질 때까지 멀리 떨어진다.

4 담당교사가 종이컵 전화기에 대고 이야기한다. 친구는 귀를 대고 듣는다. 담당교사와 친구가 역할을 바꾸어 진행한다. 친구들끼리 해도 좋다.

- "들어라! 친구야, 마음 다해 하나님을 사랑하자!", "친구야, 하나님의 음성을 듣자", "친구야! 듣는 마음 잊지 말자"

✱ 실이 팽팽해야 잘 들리는데, 유지하기가 어렵기에 잘 들리도록 큰 소리로 이야기한다.

5 종이컵 전화기를 입과 귀에 대고, 사진을 찍어 소중히 기억한다.

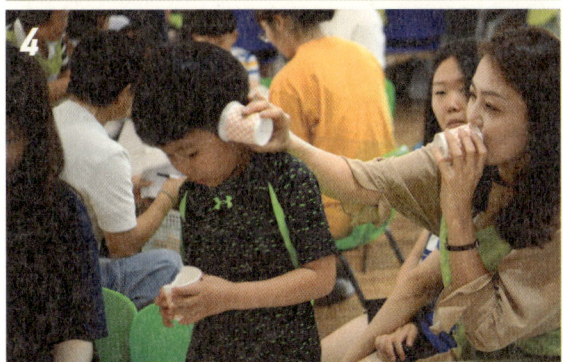

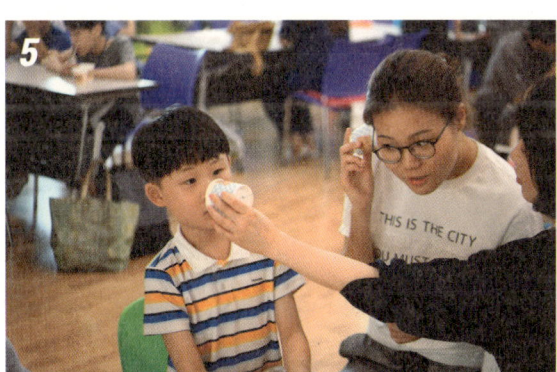

어울리는 찬양 ♪ 　내 평생 사는 동안_ 복음성가

| 말씀체험 | **듣는 마음 잊지 말자** |

2 { 듣는(아는) 마음을 잊지(잃지) 않고자, 신명기 6장 4-5절로 돌아갑니다. 자석 팔찌에 말씀을 적습니다. 여호와 하나님의 여전한 희망을 기억하고자, 말씀 팔찌를 손목에 매는 말씀체험입니다.

진행하기

1 흰색 자석 팔찌에 네임펜으로 "들어라! 친구야, 마음 다해 하나님을 사랑하자!"등을 적는다. 스티커 등으로 말씀 팔찌를 예쁘게 꾸민다.

· 친구, 하나님, 사랑 등. 사랑을 빨간색 하트로 표현해도 좋다.

✱ 글씨를 다 적을 수 없다면, 중간 중간을 비워두고 채운다.

2 "들어라! 친구야, 마음 다해 하나님을 사랑하자!"고 이야기하면서 친구 손목에 말씀팔찌를 채워준다.

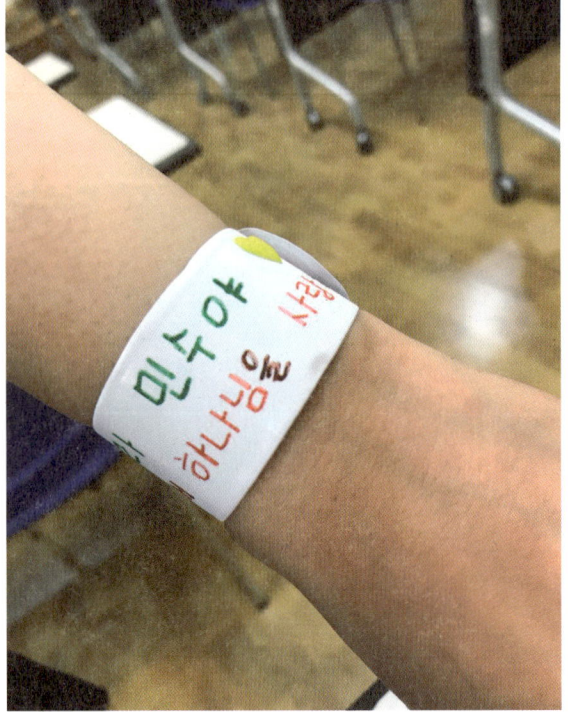

준비물 { 자석 팔지, 네임펜, 매직, 스티커 }

더 생각하기 { 자신의 신체에 장신구(팔찌, 목걸이, 모자 등)를 하기 싫어하는 친구가 있습니다. 팔찌 대신 티셔츠나 에코백 꾸미기(전사 색종이, 의류용 전사용지, 패브릭 마카 등 이용)로 대체해서 말씀을 가까이 하고 기억하게 합니다. }

3 친구의 이름을 적고, 이름을 부르면서 채워준다. 말씀 팔찌가 보이도록 팔을 들고, 사진을 찍어 소중히 기억한다.

· 친구에게 선물해도 좋다.

진행하기 2

1 신명기 6장 4-5절이 적힌 엽서에 이름을 적는다.
· "들어라 ○○아 우리 하나님 여호와는 오직 한분이시니 너는 마음과 뜻과 힘을 다해 네 하나님 여호와를 ○○하라"
· 이름 적는 공간과 '사랑' 단어의 자리는 비워 둔다.

2 '사랑'이 새겨진 도장을 엽서 빈 공간(사랑)에 찍는다.

3 엽서를 액자에 넣어 집에 가져간다. 잘 보이는 곳에 둔다.

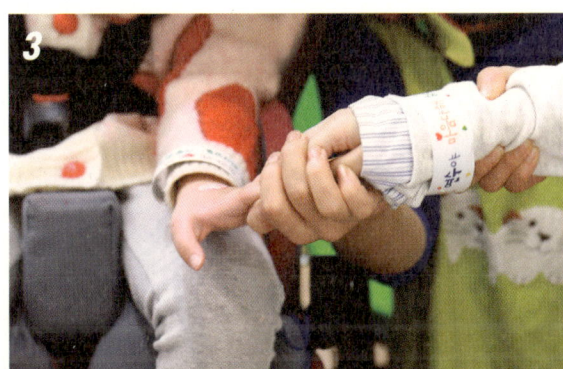
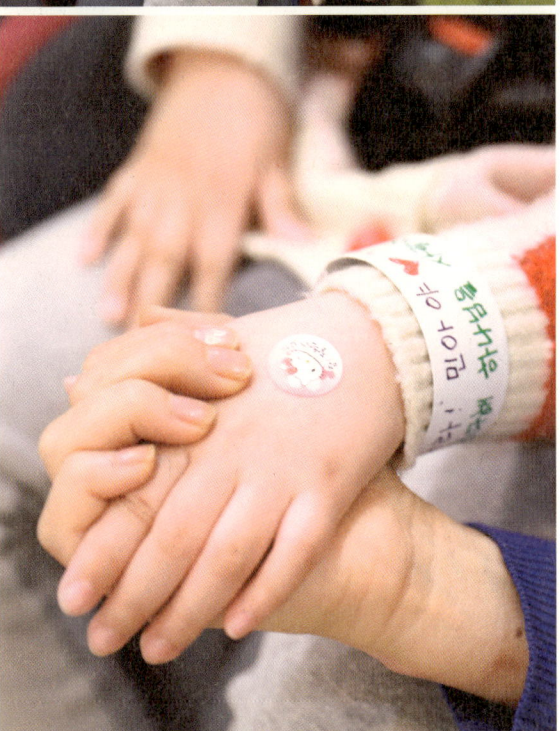

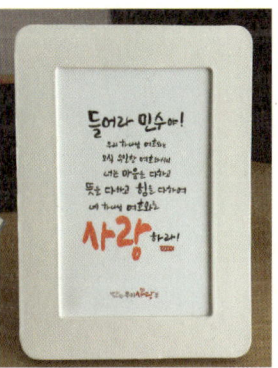

24

로뎀나무 아래에서 먹고 쉬자

―

자기 자신을 실패자라고 여길 때가 있습니다. 열심히 한다고 했는데 결과가 좋지 않아 다시 힘을 내기도 버거운 그런 때. 그럴 땐 엘리야처럼 잠시 떠나도 좋습니다. 아무도 없는 광야, 보잘 것 없는 로뎀나무 아래로. 그곳에서 여호와 하나님은 엘리야를 먹이고 다독입니다. 다시 일어설 때까지 기다립니다. 그분이 바로 우리 하나님 여호와입니다. 마음과 뜻과 힘을 다해 하나님을 예배하고, 말씀을 체험합니다.

성경 본문

열왕기상 19장 1-8절

1. 아합이 엘리야가 행한 모든 일과 그가 어떻게 모든 선지자를 칼로 죽였는지를 이세벨에게 말하니
2. 이세벨이 사신을 엘리야에게 보내어 이르되 내가 내일 이맘때에는 반드시 네 생명을 저 사람들 중 한 사람의 생명과 같게 하리라 그렇게 하지 아니하면 신들이 내게 벌 위에 벌을 내림이 마땅하니라 한지라
3. 그가 이 형편을 보고 일어나 자기의 생명을 위해 도망하여 유다에 속한 브엘세바에 이르러 자기의 사환을 그 곳에 머물게 하고
4. 자기 자신은 광야로 들어가 하룻길쯤 가서 한 로뎀 나무 아래에 앉아서 자기가 죽기를 원하여 이르되 여호와여 넉넉하오니 지금 내 생명을 거두시옵소서 나는 내 조상들보다 낫지 못하니이다 하고
5. 로뎀 나무 아래에 누워 자더니 천사가 그를 어루만지며 그에게 이르되 일어나서 먹으라 하는지라
6. 본즉 머리맡에 숯불에 구운 떡과 한 병 물이 있더라 이에 먹고 마시고 다시 누웠더니
7. 여호와의 천사가 또 다시 와서 어루만지며 이르되 일어나 먹으라 네가 갈 길을 다 가지 못할까 하노라 하는지라
8. 이에 일어나 먹고 마시고 그 음식물의 힘을 의지하여 사십 주 사십 야를 가서 하나님의 산 호렙에 이르니라

성경 배경

　　엘리야는 난세영웅(亂世英雄)입니다. 북이스라엘의 타락한 왕 아합에게 "내가 섬기는 이스라엘의 하나님 여호와께서 살아 계심을 두고 맹세하노니 내 말이 없으면 수 년 동안 비도 이슬도 있지 아니하리라(왕상17:1)"고 외치며 등장합니다. 아합과 그의 아내 이세벨은 마치 여호와 하나님이 죽은 것처럼 바알과 아세라를 섬기며 탐욕을 즐깁니다. 왕과 왕비가 그러하니 북이스라엘도 엉망진창입니다.

　　선과 악의 기준을 자신에게 두고, 육신의 정욕과 안목의 정욕과 이생의 자랑을 따릅니다. 엘리야는 여호와 하나님의 삶을 두고 맹세합니다. 그들 생각과 달리, 그분이 죽지 않았다는 것입니다. 그는 악한 자에게 용감했고, 가난한 자에게 따뜻했습니다. 갈멜산에서 '누가 진짜 신인가'를 두고, 바알 예언자 450명과 아세라 예언자 400명과 맞섭니다. 하늘의 불은 엘리야의 젖은 제단에만 내렸습니다. 엘리야는 승리했고, 바알 예언자 450명을 죽입니다.

이 소식이 무시무시한 왕비 이세벨에게 전해집니다. 그녀는 분노했고, 내일 당장 엘리야를 죽이겠다고 합니다. 이 소식을 들은 엘리야는 지금껏 접하지 못한 두려움을 만납니다. 이세벨이 너무 무서웠습니다. 자신을 초라한 실패자라고 여기고, 광야로 도망갑니다. 일교차가 심하고, 맹수가 자주 나타나는 죽음이 가까운 광야의 밤, 초라하고 볼품없는 떨기나무 아래에 눕습니다.

엘리야는 떨기나무 아래에서 처절한 실패와 슬픔을 직면합니다. 몸과 마음의 허기를 견디지 못합니다. 기진맥진한 그를 여호와 하나님이 흔들어 깨웁니다. "일어나 먹으라(왕상19:5)"고 합니다. 그분은 이미 뜨거운 돌에 과자를 굽고 물도 준비했습니다. 먹고 마신 엘리야, 피곤이 가시지 않자 다시 잠을 청합니다. 여호와 하나님이 다시 흔들어 깨웁니다. 그리고 "일어나 먹어라 아직도 갈 길이 멀다(왕상19:7)"고 합니다.

멀고 거칠고 고단한 길, 여호와 하나님이 함께 하겠다는 이야기입니다. 엘리야는 음식을 먹고 힘을 얻습니다. 하나님의 산을 향해 밤낮으로 걸어갑니다. 여호와 하나님은 무작정 일만 시키지 않습니다. 힘겨운 일이 있다면, 충분히 슬퍼하도록 시간을 줍니다. 다시 힘을 내도록 손수 과자와 물을 준비합니다. 스스로 일어서도록 기다려 줍니다. 아직도 갈 길이 먼 여정을 함께합니다. 언약의 하나님 여호와가 엘리야와 함께하듯 우리와 함께합니다. 참으로 고맙습니다.

말씀체험 | 로뎀나무 아래에서 먹고 쉬자

> 광야의 밤은 무척 춥습니다. 하나님은 엘리야가 로뎀나무 아래에서 자는 동안 따뜻한 과자와 물을 준비했습니다. 마음이 아플 때는 충분히 슬퍼할 수 있는 시간, 다시 힘을 내게 하는 음식, 먼 길을 함께 할 벗이 필요합니다. 팥빙수를 만들어 먹으며, 마음을 나누는 말씀체험입니다.

미리 준비하기

1 팥빙수 재료를 다양하게 준비한다. 화채도 좋다.

- 만들어 주는 것이 아니라, 만들어 먹는다.
- 자신이 먹을 것이 아닌 친구가 먹을 것을 만든다.

진행하기

2 말씀체험을 시작하기 전에 얼음을 간다. 인원 수에 맞게 개인 그릇(넓은 종이컵)에 담는다.

- 가정용 얼음 가는 기계를 사용한다.

3 팥빙수 만들기 전에 서로 바꾸어 먹을 친구를 정하고 그 친구를 생각하며 만든다.

- 어떤 재료를 좋아하는지 미리 물어도 좋다.

4 조별로 간 얼음과 다양한 재료를 나눠 준 후 간 얼음 위에 친구가 좋아하는 재료를 올린다. 팥과 연유와 우유를 올린다.

준비물	다양한 팥빙수 재료(얼음 간 것, 팥, 우유, 연유, 미숫가루, 시리얼, 젤리, 과일 등) 넓은 종이컵 / 플라스틱 숟가락 물티슈	더 생각하기	먹을 수 있는 음식과 먹지 못하는 음식, 좋아하는 음식과 좋아하지 않는 음식을 미리 파악합니다. 알러지 반응을 보이거나, 치료로 식단을 조절한다면 먹지 못할 음식이 있습니다. 얼음 가는 빙수기계가 없을 수 있습니다. 작은 우유팩을 얼린 후 숟가락으로 깨뜨리면 우유가 쉽게 부서집니다. 바로 빙수를 만들어 먹을 수 있습니다.

5 먹음직스럽게 만든 팥빙수를 친구에게 선물한다. 격려의 이야기를 한다.

- "힘들면 로뎀나무 아래에서 같이 쉬자",
  "배 고프면 같이 먹자"
  "외로우면 같이 걷자"
  "내가 너와 함께 할게"
  "여호와 하나님이 우리와 함께하니 힘 내자"

6 팥빙수를 맛있게 먹는다. 팥빙수를 선물한 친구와 같이 사진을 찍어 소중히 기억한다.

✱ 바닥이나 옷에 흘릴 수 있으므로 주의한다.

어울리는 찬양 ♪ 힘들고 지쳐(너는 내 아들이라)_ 복음성가

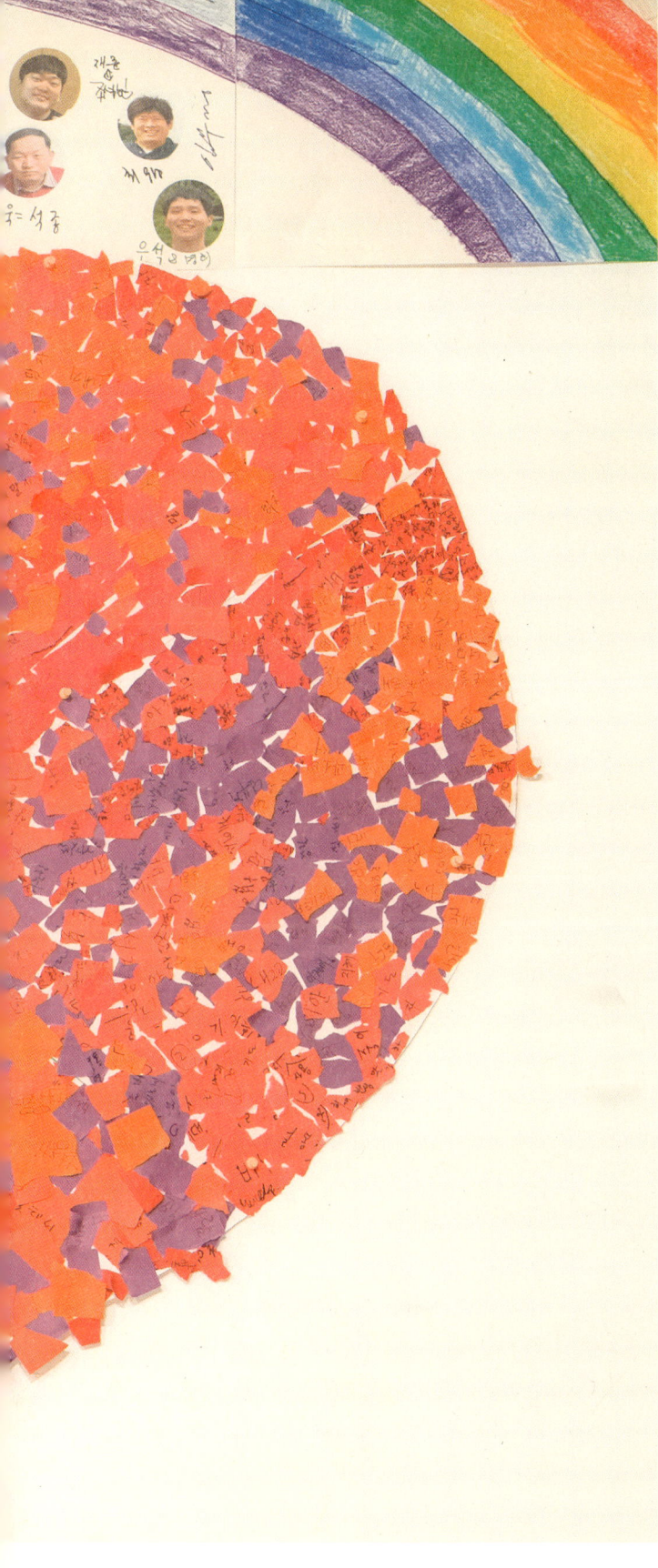

25

마음 찢고
마음 잇자

세상과 사람을 향한 여호와 하나님의 바람은 한결같습니다. 헛된 마음을 버리고, 참된 마음으로 돌아오는 것입니다. 헛된 욕심을 향한 마음을 찢어야 합니다. 참된 사랑을 향한 마음을 이어야 합니다. 우리가 그분이 기뻐하는 거룩한 모임이길 희망합니다. 마음과 뜻과 힘을 다해 하나님을 예배하고, 말씀을 체험합니다.

성경 본문

요엘 2장 12-18절

12. 여호와의 말씀에 너희는 이제라도 금식하고 울며 애통하고 마음을 다하여 내게로 돌아오라 하셨나니
13. 너희는 옷을 찢지 말고 마음을 찢고 너희 하나님 여호와께로 돌아올지어다 그는 은혜로우시며 자비로우시며 노하기를 더디하시며 인애가 크시사 뜻을 돌이켜 재앙을 내리지 아니하시나니
14. 주께서 혹시 마음과 뜻을 돌이키시고 그 뒤에 복을 내리사 너희 하나님 여호와께 소제와 전제를 드리게 하지 아니하실는지 누가 알겠느냐
15. 너희는 시온에서 나팔을 불어 거룩한 금식일을 정하고 성회를 소집하라
16. 백성을 모아 그 모임을 거룩하게 하고 장로들을 모으며 어린이와 젖 먹는 자를 모으며 신랑을 그 방에서 나오게 하며 신부도 그 신방에서 나오게 하고
17. 여호와를 섬기는 제사장들은 낭실과 제단 사이에서 울며 이르기를 여호와여 주의 백성을 불쌍히 여기소서 주의 기업을 욕되게 하여 나라들로 그들을 관할하지 못하게 하옵소서 어찌하여 이방인으로 그들의 하나님이 어디 있느냐 말하게 하겠나이까 할지어다
18. 그 때에 여호와께서 자기의 땅을 극진히 사랑하시어 그의 백성을 불쌍히 여기실 것이라

성경 배경

예언자의 예는 미리 예(豫)가 아닌 맡길 예(預)입니다. 앞으로 무슨 일이 벌어질지 이야기하는 사람이 아닙니다. 지금 이곳을 향한 여호와 하나님의 말씀을 맡은 자입니다. 모든 예언서의 90% 이상이 오늘을 이야기합니다. 여호와 하나님의 심판과 회복을 있는 그대로 전해야 합니다. 정의가 없는 사랑, 사랑이 없는 정의는 아무 소용이 없습니다. 그래서 예언자는 외롭고 고단합니다.

요엘은 "여호와는 하나님이다"라는 의미입니다. "나는 곧 나다, 나는 스스로 있는 나다, 나는 나의 희망(샬롬)을 포기하지 않는다"고 하는 여호와 그분만이 참되고 영원한 창조주이자 구원자이자 심판자입니다. 이스라엘 백성은 여호와 하나님의 용서를 받고자 비싼 옷을 찢으며 회개합니다. 죄송한 마음 하나 없이 금식합니다. 그분의 용서와 자비와 은혜를 우습게 여깁니다.

예언자 요엘은 여호와 하나님의 용서와 사랑을 못되게 이용하는 이스라엘 백성에게 외칩니다. 더 이상 옷을 찢지 말라고 합니다. 욕심과 거짓이 가득한 그 마음을 찢으라고 합니다. 하는 척만 하는 것 아니라 산산조각을 내야 합니다. 그래야만 새로운 마음을 이을 수 있습니다. 참된 금식과 울음, 슬픔과 회개를 회복하고 여호와 하나님에게 돌아가야 합니다.

바울은 "스스로 속이지 말라 하나님은 업신여김을 받지 아니하시나니 사람이 무엇으로 심든지 그대로 거두리라 자기의 육체를 위하여 심는 자는 육체로부터 썩어질 것을 거두고 성령을 위하여 심는 자는 성령으로부터 영생을 거두리라(갈6:7-8)"고 했습니다. 헛된 마음(욕심)을

찢는 것도, 참된 마음(사랑)을 잇는 것도 결코 쉽지 않습니다.

여호와 하나님에게 용서를 강요할 수 없습니다. 용서는 언제나 상처 받은 자의 권리입니다. 의무가 아니기 때문에 어느 누구도 강요할 수 없습니다. 여호와 하나님은 여전히 은혜롭고, 자비로우며, 쉽게 노하지 않습니다. 그러나 그분은 '용서와 사랑의 자판기'가 아닙니다. 하나님도 우리에게 상처 받을 수 있다는 것, 우리로 인해 아프고 슬플 수 있다는 것을 알아야 합니다. 그분은 사람의 탐욕과 타락을, 그것으로 인한 타인의 고통을 힘겨워합니다. 때론 무섭게 분노합니다.

그분에게 그릇된 생각과 행동을 보였다면, 잘못을 구체적으로 고해야 합니다. 무턱대고 용서해달라고 해서는 안 됩니다. 요엘의 예언과 바람은 지금도 유효합니다. 헛된 욕심을 찢고, 참된 사랑을 잇고, 나팔을 불고, 금식을 선포하고, 백성을 모으고, 거룩한 모임을 만들어야 합니다. 헛됨이 참됨을, 거짓이 진실을, 어둠이 빛을 이길 수 없습니다. 마음과 뜻과 힘을 다해 여호와 하나님에게 돌아가길 희망합니다.

| 말씀 체험 | 마음 찢고 마음 잇자

> 여호와 하나님과 나와 너를 힘들게 하는 헛된 욕심을 종이에 적어 찢습니다. 여호와 하나님과 나와 너에게 용서를 구합니다. 찢은 욕심을 이어 참된 사랑을 만드는 말씀체험입니다.

미리 준비하기

1 하드보드지에 커다란 하트를 그리고 자른다. 하트 중앙을 중심으로 조의 수만큼 조각 낸다.

- 조각낸 하트를 다시 이어야하므로 뒷면에 양면테이프를 붙인다.

진행하기

2 조별로 친구 수만큼 색종이를 나눠준다. 색종이에 이름을 적고, 헛된 욕심을 적는다.

- 구체적인 내용을 적는 게 좋다.
- 나의 헛된 욕심이 여호와 하나님과 나와 너를 힘들게 한다는 것을 이야기한다.

3 색종이를 잘게 찢는다. 찢고 또 찢어 작은 조각으로 만든 후 다시 모은다. 우리의 헛된 욕심이 수북히 쌓인다.

- 더 이상 욕심 부리지 않겠다고 다짐한다.

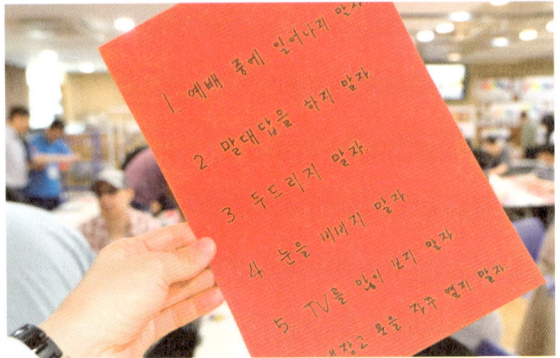

준비물
- 하드보드지
- 색종이(A4)
- 네임펜
- 풀
- 양면테이프

더 생각하기
두 손으로 종이를 찢기 어려울 수 있습니다. 교사가 종이 한 부분을 조금 찢은 후 친구와 교사가 양쪽을 잡고 같이 찢습니다. 소근육 활동이 어려워 색종이를 작게 찢기 힘들다면, 그냥 한 두번만 조각 내도 됩니다.

4 조마다 하트 조각을 나눠 준다. 하트 조각 윗면에 풀을 칠한다. 찢은 색종이(헛된 욕심)를 그 위에 붙인다. 하트 조각에 헛된 욕심을 의미하는 색종이를 빼곡하게 붙인다.

· 헛된 마음(욕심)을 찢고, 참된 마음(사랑)을 잇는 활동이라는 것을 틈틈이 알려준다.

5 조별로 하트조각을 앞으로 가지고 나온다. 이를 연결해서 하나의 하트를 만든다.

6 커다란 하트 위에 "마음 찢고 마음 잇자"나 "욕심 찢고 사랑 잇자" 등을 적어 붙인다. 하트 앞에서 사진을 찍어 소중히 기억한다.

· "헛된 마음(욕심)은 다 찢어지고. 참된 마음(사랑)이 이어졌습니다."라고 이야기 한다.

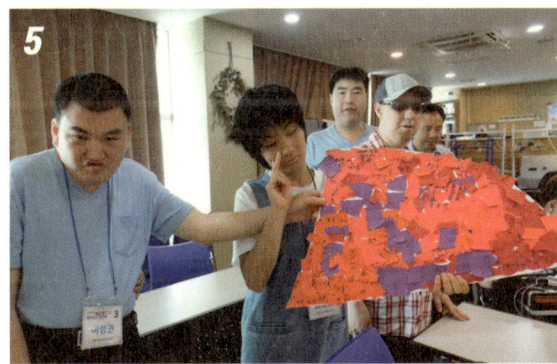

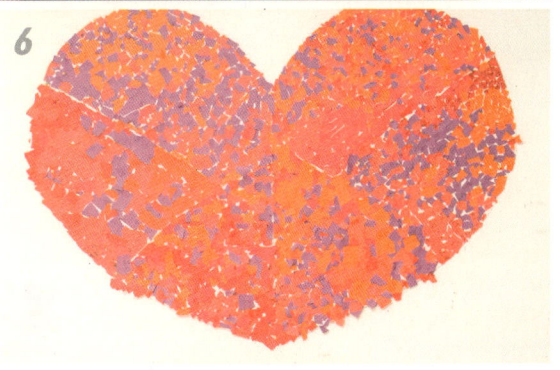

어울리는 찬양 ♪♬ | 내가 주인 삼은_ 예배인도자 컨퍼런스

| 말씀
체험 | 마음 찢고 마음 잇자 | 2 | 하트 모양 퍼즐을 만듭니다. 그곳에 헛된 마음(욕심)을 회개하는 이야기, 참된 마음(사랑)을 희망하는 이야기를 적습니다. 하트 모양 퍼즐을 완성하면서, 참되게 사랑하며 살자 다짐하는 말씀체험입니다. |

미리 준비하기

1 검정색 하드보드지를 하트 모양으로 오린 후 흰색 우드락에 붙인다.

2 색깔 우드락을 하트 모양으로 오린다.

· 조 숫자만큼 조각 내어 퍼즐로 만든다.

3 색깔 우드락으로 만든 하트 모양 퍼즐과 흰색 우드락으로 만든 하트 모양 틀이 붙도록, 각각 벨크로 테이프를 붙인다.

진행하기

4 조별로 색깔 우드락으로 만든 하트 모양 퍼즐을 나눈다. 하트 퍼즐 조각 위에 자신의 헛된 마음(욕심)과 참된 마음(사랑)을 적는다. 이름도 함께 적는다. 담당교사도 함께한다.

· 담당교사가 적극적으로 참여하면 친구도 힘을 낸다.

| 준비물 | 하드보드지
흰색 우드락 / 색깔 우드락
네임펜 / 페인트 마카
열선 / 벨크로테이프 | 더 생각하기 | 글씨 쓰기가 어려운 친구는 욕심, 사랑과 관련된 이미지(그림 또는 사진)를 활용합니다. 스스로 선택해서 붙이도록 지도합니다. 우드락을 칼로 자르기는 어렵습니다. 우드락 전용 커터기를 이용하면 쉽게 오릴 수 있습니다. |

5 조별로 꾸민 하트 모양 퍼즐 조각을 가지고 나온다. 흰색 하트 모양 틀에 퍼즐 조각을 붙여 온전한 하트를 만든다.

6 하트 앞에서 사진을 찍어 소중히 기억한다.

· 서로에게 "마음 찢고 마음 잇자"나, "욕심 찢고 사랑 잇자"고 이야기한다.

26

그루터기에 싹을 낸다

이스라엘 백성은 자신을 보암직한 밤나무와 상수리나무라고 여겼습니다. 여호와 하나님이 함께하는 훌륭한 민족이라고 자만했고, 자랑했습니다. 이스라엘 백성은 자기 멋대로 욕심 따라 살며 하나님의 사랑과 정의를 부정합니다. 그래서 그분은 교만한 그들을 자르겠다고 합니다. 그루터기처럼 남아있는 자들과 다시 시작하겠다고 합니다. 마음과 뜻과 힘을 다해 하나님을 예배하고, 말씀을 체험합니다.

성경 본문

이사야 6장 11-13절

11. 내가 이르되 주여 어느 때까지니이까 하였더니 주께서 대답하시되 성읍들은 황폐하여 주민이 없으며 가옥들에는 사람이 없고 이 토지는 황폐하게 되며
12. 여호와께서 사람들을 멀리 옮기셔서 이 땅 가운데에 황폐한 곳이 많을 때까지니라
13. 그 중에 십분의 일이 아직 남아 있을지라도 이것도 황폐하게 될 것이나 밤나무와 상수리나무가 베임을 당하여도 그 그루터기는 남아 있는 것 같이 거룩한 씨가 이 땅의 그루터기니라 하시더라

이사야 11장 6-10절

6. 그 때에 이리가 어린 양과 함께 살며 표범이 어린 염소와 함께 누우며 송아지와 어린 사자와 살진 짐승이 함께 있어 어린 아이에게 끌리며
7. 암소와 곰이 함께 먹으며 그것들의 새끼가 함께 엎드리며 사자가 소처럼 풀을 먹을 것이며
8. 젖 먹는 아이가 독사의 구멍에서 장난하며 젖 뗀 어린 아이가 독사의 굴에 손을 넣을 것이라
9. 내 거룩한 산 모든 곳에서 해 됨도 없고 상함도 없을 것이니 이는 물이 바다를 덮음 같이 여호와를 아는 지식이 세상에 충만할 것임이니라
10. 그 날에 이새의 뿌리에서 한 싹이 나서 만민의 기치로 설 것이요 열방이 그에게로 돌아오리니 그가 거한 곳이 영화로우리라

성경 배경

여호와 하나님은 별이 빛나는 밤에 아브라함을 데리고 나갑니다. "하늘을 우러러 뭇별을 셀 수 있나 보라 네 자손이 이와 같으리라(창15:5)"고 약속합니다. 어느 날에는 "내가 내 언약을 나와 너 및 네 대대 후손 사이에 세워서 영원한 언약을 삼고 너와 네 후손의 하나님이 되리라(창17:7)"고 합니다. 밤하늘을 밝히는 별처럼 욕심으로 어두워진 세상을 사랑과 정의로 밝히겠다는 것입니다. 하나님은 여호와로서 최선을 다하고, 아브라함과 후손은 그분의 백성으로 최선을 다하는 것입니다.

이스라엘 백성은 여호수아와 함께 약속의 땅 가나안에 들어옵니다. 그 땅은 보암직하고 먹음직하고 지혜롭게 할 만큼 탐스러운 것들로 가득했습니다. 그들은 헛된 마음(욕심)과 참된 마음(사랑) 사이에서 갈팡질팡합니다. 수백 년이 지나도 정신을 차리지 못합니다. '샬롬'이라는 하나님의 희망이 송두리째 흔들립니다. 서로 싸우다 나라가 나뉩니다. 북이스라엘이 욕심을 따라 살다가 망해갑니다. 남유다도 마찬가지입니다.

하나님은 타락한 왕 웃시야가 죽자(사6:1) 이사야(여호와는 구원이다)를 예언자로 부릅니다. 당신의 마음이 얼마나 아픈지, 아슬아슬한 희망을 어떻게 이어갈지를 이야기합니다. 여호와 하나님은 약속의 땅에서 약속의 백성을 쫓아내고, 그곳을 황무지로 만들겠다고 합니다. 십분의 일 밖에 남지 않았어도 쉽게 봐주지 않겠다고 합니다. 스스로 멋진 밤나무, 상수리나무라 여긴 그들을 자르겠다는 것입니다.

나무가 잘리면 그루터기가 남습니다. 그루터기는 천천히 말라 비틀어집니다. 여호와 하나님의 희망이 '그루터기 같이 남은 자'에게 닿습니다. 그루터기는 세상이 어떠해도 샬롬이라는 희망을 지켜내는 언약백성입니다. 그분의 희망은 그루터기에도 싹을 냅니다. 그 싹은 여호와의 구원을 위해 기름 부음 받은 '예수 그리스도'입니다. 예수 그리스도의 날이 오면 이리와 어린 양이, 표범과 새끼 염소가 사이좋게 평화를 누립니다.

이새의 뿌리에서 온 백성을 위한 구원의 깃발이 세워집니다. 물이 바다를 덮음 같이 여호와를 아는 기쁨이 온 땅에 가득합니다. 현실이 그루터기 같을지라도 샬롬이라는 희망을 뿌려야 합니다. 눈물을 흘리며 씨를 뿌리는 자는 기쁨으로 거둘 것입니다. 울며 씨를 뿌리러 나가는 자는 반드시 기쁨으로 그 곡식 단을 가지고 돌아올 것입니다(시126:5-6).

말씀체험 | 그루터기에 싹을 낸다

> 살아있는 나무를 자르면 죽어가는 그루터기가 남습니다. 그루터기는 희망이 다 사라진 듯한 상황입니다. 그루터기가 무엇인지 잘 모르기 때문에 그루터기 모형을 만듭니다. 여호와 하나님의 희망을 그루터기에 닿게 하는, 생명과 샬롬의 싹을 트게 하는 말씀체험입니다.

미리 준비하기

1 두꺼운 우드락을 활용해서 그루터기를 만든다.

- 우드락 커터기를 활용해서 원형으로 자른다.

2 옆면을 나무 껍질처럼 표현한다.

- 홈을 파고 아크릴 물감으로 덧칠한다.
- 아크릴 물감으로 나이테를 표현한다.

3 새싹 모형을 만든다.

- 얇은 우드락을 새싹 모양으로 오린다.
- 아크릴 물감으로 새싹을 표현한다.

진행하기

4 조별로 그루터기와 새싹 모형을 나눠 준다. 친구가 모형을 충분히 만지게 한다.

- 살아있는 나무를 자르면 죽어가는 그루터기가 남는다는 이야기, 여호와 하나님은 그루터기에서 새싹을 돋게 한다는 이야기를 전한다.

5 새싹 모형에 친구 얼굴 사진을 붙이고 꼬치를 꽂는다.

- 얼굴 옆에 "친구야! 살아라 살아라 살아라", "친구야! 피어라 피어라 피어라" 등을 적는다.

준비물	우드락 / 아이소핑크 우드락 커터기 아크릴 물감 / 꼬치 / 네임펜 얼굴 사진 라벨지	더 생각하기	우드락 커터기를 이용하면 칼로 오리는 것보다 수월하게 작업할 수 있습니다. 새싹 부분은 우드락 대신 두꺼운 색지나 다른 종이를 사용해도 괜찮습니다. 그루터기의 개념을 알려주기 위해 활동 전에 사진자료를 같이 보면 좋습니다.

6 그루터기 모형에 새싹 모형을 꽂는다.

· "여호와 하나님의 희망이 아슬아슬한 상황에서도 함께한다"며, "그루터기에 새싹이 나듯 희망을 노래하자"고 이야기한다.

7 그루터기에서 살아난, 피어난 새싹과 함께 사진을 찍어 소중히 기억한다.

어울리는 찬양 ♪♬ 복음의 발걸음 땅끝까지 (우리가 이땅의 그루터기라) _ 주바라기찬양단

말씀체험 그루터기에 싹을 낸다

2 { 그루터기에서 새싹이 나려면 기다려야 합니다. 희망의 싹이 나길 바라며 쉽게 포기해서는 안 됩니다. 여호와 하나님이 샬롬이라는 희망을 반드시 지켜낼 것입니다. 잔디인형을 만들고 싹이 나기를 기다리는 말씀체험입니다.

진행하기

1 조별로 잔디인형을 만들 다양한 재료를 나눠 준다. 스타킹 바닥에 잔디씨앗 5 티스푼을 넣고 톱밥 5컵을 넣는다 (둥글게 만들면서 1컵씩 넣음).

· 시중에 판매하는 잔디인형 세트를 활용해도 좋다.

2 눈과 코를 글루건으로 붙인다.

· 안전에 유의한다.

3 플라스틱컵도 예쁘게 꾸며 화분으로 만든다.

· 화분에 친구 이름을 넣어 '하나님의 희망, 친구'라고 적는다.

준비물 { 잔디씨앗 / 톱밥 / 글루건
플라스틱컵 / 스타킹
인형눈알 / 뽕뽕이(코, 귀)
톱밥 넣는 도구(바닥이 도려진 종이컵) }

더 생각하기 { 잔디인형이 잘 자라게 하려면 스타킹 끈을 길게 남겨둡니다. 끈의 끝이 물 안에 항상 잠겨 있으면 물이 계속 공급됩니다. 이식증이 있는 친구는 톱밥이나 흙, 씨앗 등을 먹을 수 있으니 활동 내내 주의합니다. }

4 화분에 잔디인형을 세운다. 친구가 만든 잔디인형을 모아 사진을 찍어 소중히 기억한다.

· "여호와 하나님의 희망이 살아나길, 피어나길 바라며 기다리자"고 이야기한다.

27

여호와 하나님의 손바닥에 새긴 이름

언약의 하나님, 그의 이름은 여호와입니다. "나는 스스로 너와 함께 있다"라는 약속입니다. 삶이 너무 퍽퍽하고 힘들어 하는 수 없이 자녀를 잊는 어머니가 있습니다. 그런데 여호와 하나님은 아무리 힘겨워도 그렇게 하지 않겠다고 합니다. 잊을 수 없는 자녀의 이름을 손바닥에 새기겠다고 합니다. 몸과 마음과 뜻을 다해 하나님을 예배하고, 말씀을 체험합니다.

성경 본문

이사야 49장 13-18절

13. 하늘이여 노래하라 땅이여 기뻐하라 산들이여 즐거이 노래하라 여호와께서 그의 백성을 위로하셨은즉 그의 고난 당한 자를 긍휼히 여기실 것임이라
14. 오직 시온이 이르기를 여호와께서 나를 버리시며 주께서 나를 잊으셨다 하였거니와
15. 여인이 어찌 그 젖 먹는 자식을 잊겠으며 자기 태에서 난 아들을 긍휼히 여기지 않겠느냐 그들은 혹시 잊을지라도 나는 너를 잊지 아니할 것이라
16. 내가 너를 내 손바닥에 새겼고 너의 성벽이 항상 내 앞에 있나니
17. 네 자녀들은 빨리 걸으며 너를 헐며 너를 황폐하게 하던 자들은 너를 떠나가리라
18. 네 눈을 들어 사방을 보라 그들이 다 모여 네게로 오느니라 나 여호와가 이르노라 내가 나의 삶으로 맹세하노니 네가 반드시 그 모든 무리를 장식처럼 몸에 차며 그것을 띠기를 신부처럼 할 것이라

성경 배경

여호와 하나님은 형체가 없습니다. 그런데 성경은 하나님이 마치 눈과 팔과 손 등이 있는 것처럼 묘사합니다. 그분의 마음이 어떠하다는 것을 사람의 몸에 비유해 이야기합니다. 우리가 조금이라도 알기 쉽게, 살기 쉽게 전하기 위함입니다. 이스라엘 백성은 광야에서 하나님이 그들과 함께하는지를 묻고 또 물었습니다. 길이 힘들 때마다 화를 내며 원망했습니다. 언약의 하나님 여호와가 우리와 함께하면 이런 일이 있을 수 없다고 여겼습니다.

타락한 사람은 보암직하고 먹음직하고 지혜롭게 할 만큼 탐스러운 것이라면 무엇이든 만들어 냅니다. 헛된 마음(욕심)을 위해 눈에 보이는 신을 만들고, 자기 멋대로 믿습니다. 그런데 하나님은 절대 자신을 눈에 보이도록 만들지 말라고 합니다. "하나님, 정말 우리와 함께합니까"와 "그래, 내가 내 자녀와 함께한다"는 이야기가 성경에 가득합니다. 여호와 하나님은 이스라엘 백성이 '자신의 함께함'을 깨달을 때까지 포기하지 않습니다.

그분은 예언자 이사야를 통해 "보라 처녀가 잉태하여 아들을 낳을 것이요 그의 이름을 임마누엘이라 하리라(사7:14)"고 했습니다. 임마누엘은 '우리와 함께하는 하나님'이라는 뜻입니다. 이렇게 말하고, 저렇게 말해도 그들은 잘 믿지 않습니다. 급기야 "여호와가 나를 잊어 버렸다"고 선언합니다. 여호와 하나님은 "여자가 자기 젖 먹는 아이를 기억하고, 자기가 낳은 아이를 불쌍히 여긴다"고 이야기합니다. 살기가 정말 힘들면 잊는다 해도 "나는 그럴 수 없다, 그렇게 하지 않겠다"고 합니다.

그래도 믿지 않으니 마치 손바닥이 있는 것처럼 표현합니다. 이스라엘 백성의 이름을 자신의 손바닥에 새겼다는 것입니다. 이스라엘은 "하나님과 겨루었다"는 뜻입니다. 달리 말하면 "자식 이기는 부모 없다"입니다. 여호와 하나님은 이스라엘 백성을 자신의 손바닥과 마음에 새겼습니다. 얼마나 사랑하고 애틋하면 이렇게 표현할까요. 그분은 자신의 손 그늘로 백성을 덮었다고 이야기합니다. "내가 내 말을 네 입에 두고 내 손 그늘로 너를 덮었나니 이는 내가 하늘을 펴며 땅의 기초를 정하며 시온에게 이르기를 너는 내 백성이라 말하기 위함이니라(사51:16)"

여호와 하나님은 언제까지, 어디까지 '자신의 함께함'을 이야기할까요. 바로 '십자가'입니다. 여호와의 구원을 위해 기름 부음 받은 예수 그리스도가 십자가에서 전하는 이야기는 하나입니다. 임마누엘, 즉 우리와 함께하는 하나님의 은혜입니다. 용서와 자비, 사랑과 정의입니다. 우리사랑과 더불어 샬롬입니다. 처음에 창조주 하나님이 가졌던, 포기할 수 없는 희망입니다. 우리가 드리는 예배가, 체험하는 말씀이 그분의 희망에 닿기를 소망합니다.

말씀체험

여호와 하나님의 손바닥에 새긴 이름

하나님의 이름인 여호와(나는 스스로 너와 함께 있다)를 생각하고, 그분의 약속(네 이름을 내 손바닥에 새긴다)을 이야기합니다. 커다란 여호와 하나님의 손바닥에 친구들과 담당교사의 이름과 의미를 모두 적으며, 감사를 고백하는 말씀체험입니다.

미리 준비하기

1 크레프트 전지에 커다란 손바닥을 그린 후 오린다. 조 숫자만큼 손바닥을 조각내어 퍼즐을 만든다.

진행하기

2 조별로 조각낸 손바닥 퍼즐을 나눠 준다.

· '여호와 하나님의 손바닥'을 의미한다는 것을 이야기한다.

3 손바닥 퍼즐 안에 친구 이름을 적고, 여호와 하나님에게 감사하는 이야기를 적는다.

· 그분의 손에 꽃을 전하는 마음으로 꽃모양 종이에 적어 붙여도 좋다.
· 그분이 지울 수 없는 사랑으로 우리 이름을 손바닥에 소중히 새겼다는 것을 이야기한다.

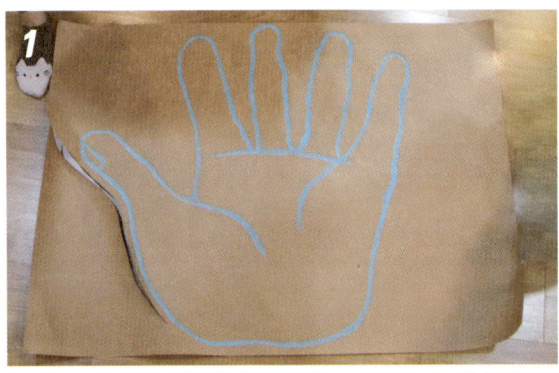
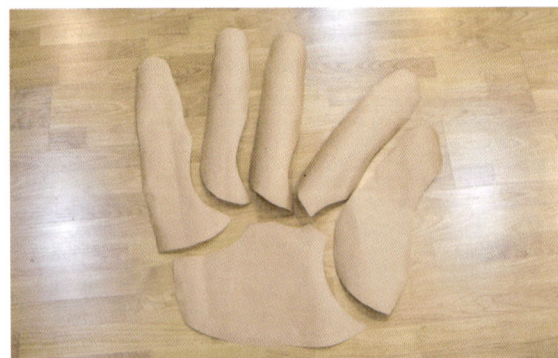

| 준비물 | 크레프트 전지
색연필 / 네임펜 / 가위
꽃모양 종이
풀 / 양면테이프 / 압정 | 더 생각하기 | 손바닥 모양을 크게 만들어 자르면 크레프트지가 말려서 모양 잡기가 어렵습니다. 두꺼운 판(골판지, 박스, 우드락 등)에 붙여서 자르면, 활동할 때도, 완성한 후 퍼즐을 맞출 때도 훨씬 수월합니다. |

4 조별로 손바닥 퍼즐을 가지고 나온다. 하나로 연결하기 전에 퍼즐을 들고 사진을 찍는다. 사진을 찍은 후 하나로 연결한다. 손바닥 위에 '여호와 하나님의 고마운 손바닥'이라고 적어 붙인다.

· 우리 이름과 감사의 꽃과 마음이 가득 담긴 여호와 하나님의 손바닥이다.

5 손바닥 옆에서 사진을 찍어 소중히 기억한다.

어울리는 찬양 ♪♬ 내 이름 새기시고_ 파이디온 선교회

여호와 하나님의 손바닥에 새긴 이름

말씀체험

손바닥 부채를 여호와 하나님의 손으로 생각합니다. 손 안에 그분의 자녀인 우리 이름을 적습니다. 자녀를 결코 포기하지 않는, 여호와 하나님의 사랑을 누리고 나누는 말씀체험입니다.

미리 준비하기

1 친구 이름마다 의미가 있다. 주중에 부모에게 친구이름의 의미를 물어본다.

- 이름에는 한자이건 한글이건 소중한 뜻이 있다.
- 어떠한 바람으로 이름을 지었는지, 의미는 무엇인지 물어본다.

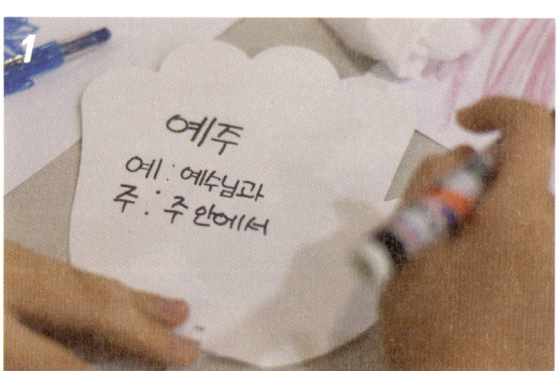

진행하기

2 조별로 손바닥 모양의 부채와 색연필을 나눠 준다. 하나님과 나의 이름과 의미를 부채 양면에 적는다. 손바닥 부채 한면에 "여호와 하나님의 손"이라고 적고, 꾸민다.

- 하나님의 이름이 '여호와'라는 것과 그 뜻이 '나는 너와 스스로 함께 있다'인 것을 이야기한다.

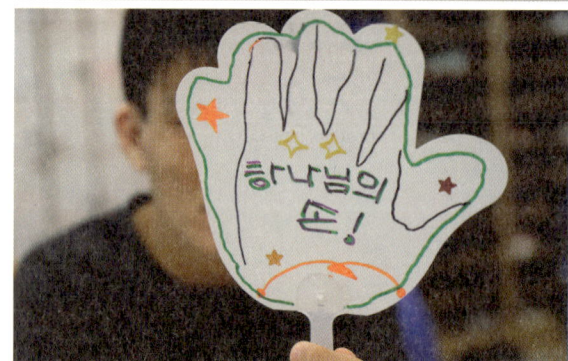

준비물: 손바닥 부채, 색연필, 네임펜, 스티커

더 생각하기: 친구 이름 의미를 미리 파악하여 글자 대신 이미지로 표현(그리거나 붙이기)할 수 있습니다. 서로 부채질할 때 얼굴 가까이하면 얼굴이 맞을 수 있습니다. 조금 떨어진 곳에서 활동하도록 안내합니다.

3 다른 한면에 친구 이름과 의미를 적고, 꾸민다.

· 예를 들면 "민수, 온화한 이삭"이다. 여호와 하나님이 온화한 이삭과 스스로 함께한다고 이야기한다.

4 손바닥 부채로 서로에게 부채질 해준다.

· 바람이 불면 몸이 시원해지듯, 우리와 함께하겠다는 하나님의 약속으로 마음을 시원하게 한다.
· "하나님의 약속, 사랑, 용서, 희망, 샬롬! 불어라 불어라 불어라"고 이야기한다.

5 손바닥 부채를 들고 사진을 찍어 소중히 기억한다.

· 손바닥 부채가 '우리 이름이 새겨진 여호와 하나님의 손바닥'인 것을 강조한다.

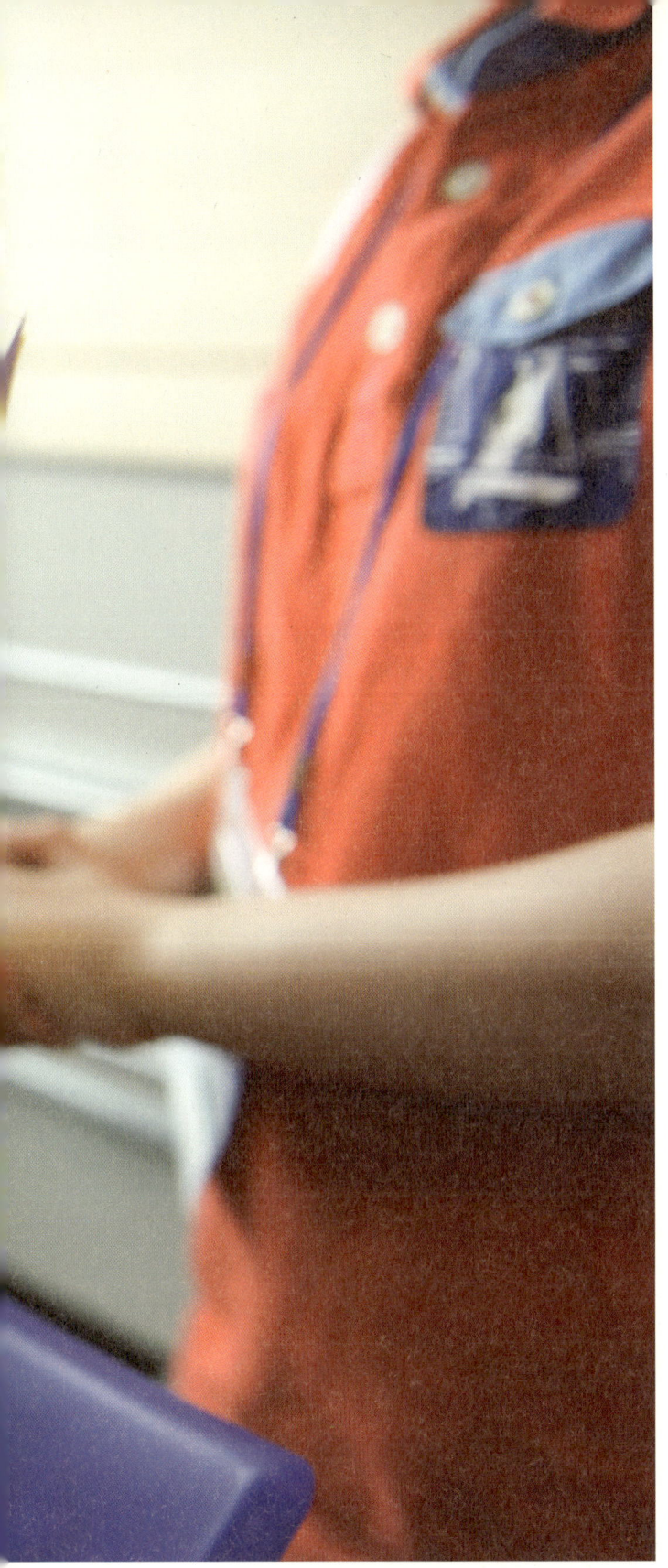

28

여호와 하나님 손에 있는 아름다운 왕관

여호와 하나님은 평화가 사라진 예루살렘(평화의 마을)을 포기하지 않습니다(못합니다). 욕심과 거짓으로 어두워진 그곳에 샬롬과 진실의 빛을 비춥니다. 그곳을 아름다운 왕관으로 여깁니다. 그분이 고군분투하는 이유는 하나, 사랑하기 때문입니다. 마음과 뜻과 힘을 다해 하나님을 예배하고, 말씀을 체험합니다.

이사야 62장 1-7절

1. 나는 시온의 의가 빛 같이, 예루살렘의 구원이 횃불 같이 나타나도록 시온을 위하여 잠잠하지 아니하며 예루살렘을 위하여 쉬지 아니할 것인즉
2. 이방 나라들이 네 공의를, 뭇 왕이 다 네 영광을 볼 것이요 너는 여호와의 입으로 정하실 새 이름으로 일컬음이 될 것이며
3. 너는 또 여호와의 손의 아름다운 관, 네 하나님의 손의 왕관이 될 것이라
4. 다시는 너를 버림 받은 자라 부르지 아니하며 다시는 네 땅을 황무지라 부르지 아니하고 오직 너를 헵시바라 하며 네 땅을 쁄라라 하리니 이는 여호와께서 너를 기뻐하실 것이며 네 땅이 결혼한 것처럼 될 것임이라
5. 마치 청년이 처녀와 결혼함 같이 네 아들들이 너를 취하겠고 신랑이 신부를 기뻐함 같이 네 하나님이 너를 기뻐하시리라
6. 예루살렘이여 내가 너의 성벽 위에 파수꾼을 세우고 그들로 하여금 주야로 계속 잠잠하지 않게 하였느니라 너희 여호와로 기억하시게 하는 자들아 너희는 쉬지 말며
7. 또 여호와께서 예루살렘을 세워 세상에서 찬송을 받게 하시기까지 그로 쉬지 못하시게 하라

창세기 1장 1절은 "처음에(태초에) 하나님이 천지를 창조하시니라"입니다. 그분은 하늘과 땅이 예루살렘, 즉 평화의 마을이길 희망했습니다. 사람은 보암직하고 먹음직하고 지혜롭게 할 만큼 탐스러운 욕심에 취합니다. 세상의 중심을 자기 자신에게 두고, 눈이 밝아졌다고 착각합니다. 선악의 기준을 스스로 정합니다. 하늘과 땅에 가득해야 할 평화가 사라집니다. 미움과 다툼과 욕심이 난무합니다.

하나님은 타락한 피조 세상이 새로워지길, 다시 예루살렘이 되길 바랍니다. 언제나 어디서나 희망을 포기하지 않습니다. 예언자 이사야는 "내가 지을 새 하늘과 새 땅이 내 앞에 항상 있는 것 같이 너희 자손과 너희 이름이 항상 있으리라 여호와의 말이니라(사66:22)"고 전합니다. 사도 베드로는 "우리는 그의 약속대로 의가 있는 곳인 새 하늘과 새 땅을 바라보도다(벧후3:13)"라고 합니다.

사도 요한은 "또 내가 새 하늘과 새 땅을 보니 처음 하늘과 처음 땅이 없어졌고 바다도 다시 있지 않더라(계21:1)"고 합니다. 그리고 "또 내가 보매 거룩한 성 새 예루살렘이 하나님께로부터 하늘에서 내려오니 그 준비한 것이 신부가 남편을 위하여 단장한 것 같더라(계21:2)"고 하며, 예루살렘도 새로워진다고 합니다. 예루살렘(평화의 마을)을 향한 여호와 하나님의 희망이 이루어지는 장면입니다.

우리는 그날이 오기를 간절히 바라며 오늘, 평화의 마을을 일굽니다. 여호와 하나님은 예루살렘을 위해 쉬지 않습니다. 구원의 횃불이 타오를 때까지 잠잠히 있지 않습니다. 예루살렘을 아름다운 왕관이 되게 하고, 더 이상 버림받은 백성이거나 황폐한 땅이 되지 않게 합니다. 예루살렘 성벽 위에 파수꾼을 세워 여호와 하나님의 희망을 기억하게 합니다. 예루살렘을 회복하고, 세상에서 찬송을 받기까지 멈추지 않습니다. 예루살렘에게 새로운 이름을 줍니다. '헵시바'와 '뿔라'입니다. 헵시바는 '나의 기쁨이 그녀에게'이며, 뿔라는 '결혼한 여자'입니다.

평화가 사라진 예루살렘에 다시 평화가 깃듭니다. 결코 쉽지 않기 때문에, 여호와 하나님은 오늘도 고군분투합니다. 왜 일까요. 그분의 이유는 언제나 하나입니다. 사랑하기 때문입니다. 여호와 하나님에게는 사랑 외에 다른 동기가 없습니다. 신랑이 신부를 기뻐하듯 예루살렘을 기뻐합니다. 하나님은 사랑이기에, 사랑하지 않으면 그분을 알 수 없습니다(요일4:8). 우리가 예루살렘(평화의 마을)이 되어, 더불어 사랑하며 살아가길 희망합니다.

| 말씀체험 | **여호와 하나님 손에 있는 아름다운 왕관** | 여호와 하나님은 예루살렘에게 "너는 여호와의 손에 들려 있는 아름다운 왕관이 될 것이다(사62:3)"라고 했습니다. 그분은 우리에게도 동일한 바람(평화의 마을)을 가지고 있습니다. 아름다운 왕관을 만들어 서로에게 씌어주는 말씀체험입니다.

진행하기

1. 아름다운 왕관을 만들어 씌어줄 짝을 정한다. 서로에게 "오늘 하나님을 대신해서 아름다운 왕관을 만들어 줄게"라고 이야기한다.

    · 짝꿍끼리 옆에서 말씀체험을 함께한다.

2. 종이 왕관에 친구 이름을 넣어 "하나님의 아름다운 왕관, 친구", "하나님의 평화로운 마을, 친구", "하나님의 사랑과 기쁨, 친구"라고 적는다.

3. 왕관에 종이 꽃과 나무와 하트 스티커와 얼굴 사진 라벨지 등을 붙인다.

    · 왕관은 시중에 판매하는 것을 사도 되고, 직접 만들어도 좋다.

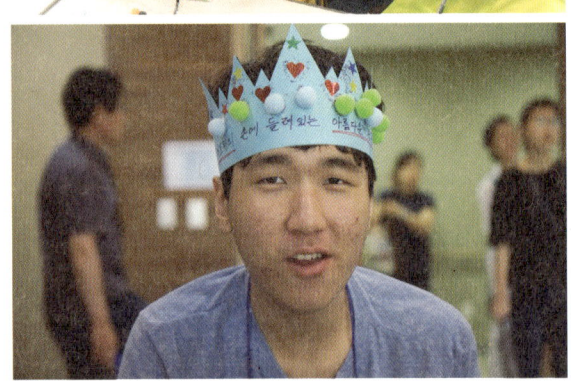

준비물	종이 왕관 모양 종이(꽃, 나비 등) 하트 스티커 / 얼굴 사진 라벨지 네임펜 / 양면테이프	더 생각하기	글씨 쓰기가 어려운 친구를 위해 종이 왕관에 넣을 문구를 미리 출력해서 준비합니다. 머리에 쓰는 것을 싫어하는 친구가 있습니다. 다른 친구에게 왕관을 씌어주는 역할만 해도 좋습니다. 하나님을 대신해서 친구를 응원하는 것이 중요합니다.

3² 조화를 활용해서 화관을 만들어도 좋다. 조화와 철사를 감을 부드러운 천만 있으면 된다.

- 보편적인 왕관 모양이 아니어도 된다.
- 여호와 하나님이 우리를 아름다운 왕관으로 여긴다는 사실이 중요하다.

4 하나님을 대신해서 서로에게 왕관을 씌어준다.
- 왕관에 쓴 다양한 표현으로 격려하고 응원한다.

5 짝꿍끼리 또는 조별로 사진을 찍어 소중히 기억한다.

어울리는 찬양 ♪♬ 세상이 당신을 모른다 하여도
_ 예수전도단 화요모임

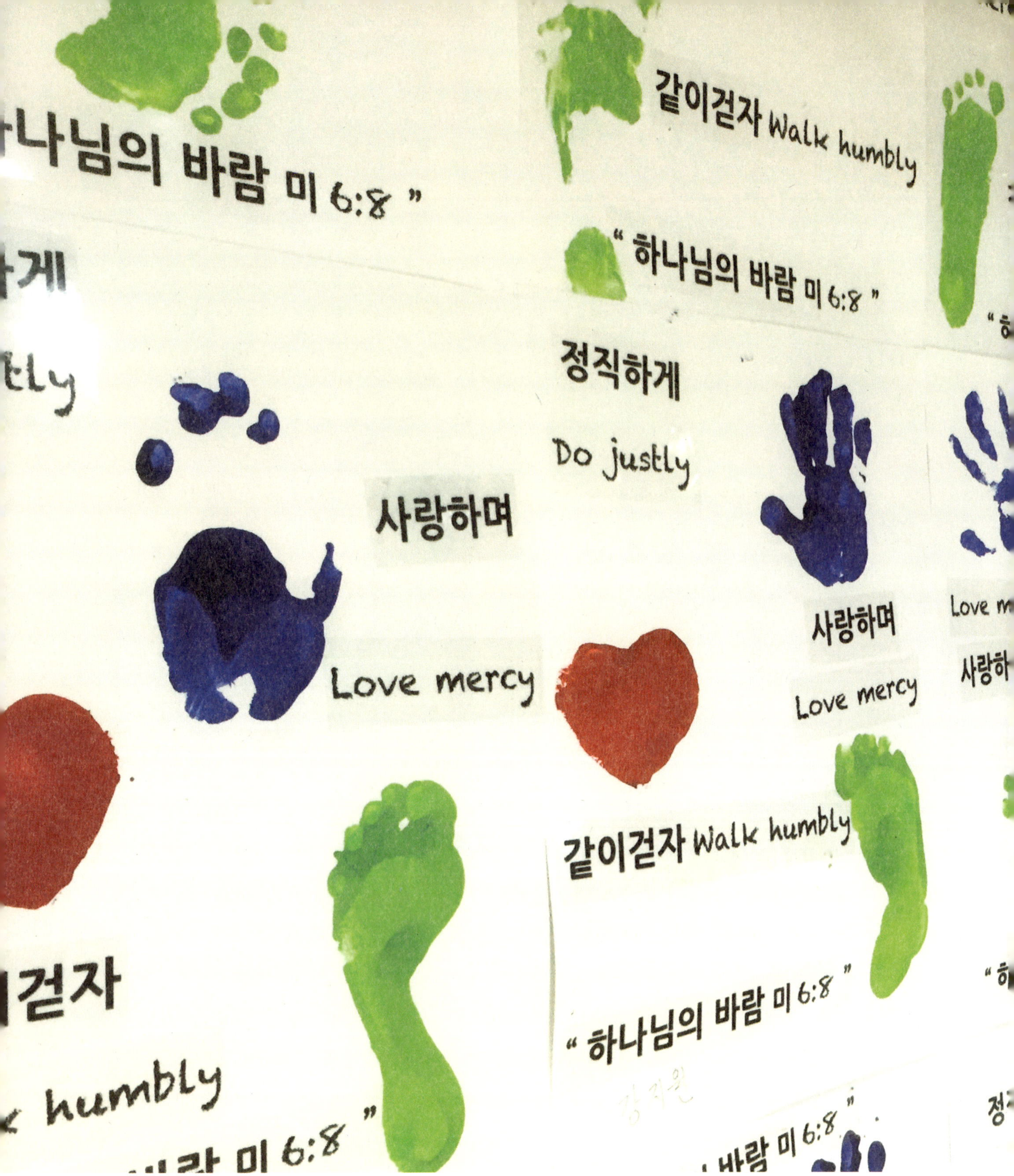
같이걷자 Walk humbly
“ 하나님의 바람 미 6:8 ”
정직하게
Do justly
사랑하며
Love mercy
사랑하며
Love mercy
같이걷자 Walk humbly
“ 하나님의 바람 미 6:8 ”

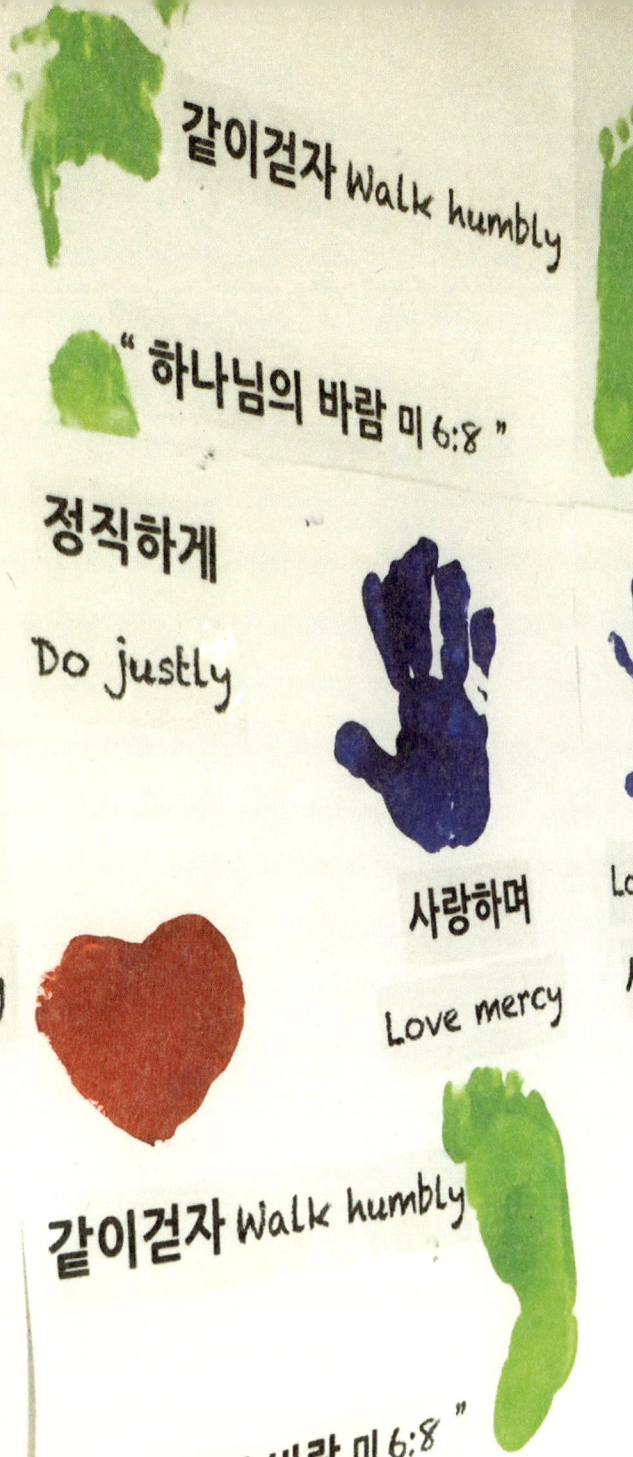

29

정직하게 사랑하며 같이 걷자

여호와 하나님의 희망은 흙내음과 살내음 나는 실상입니다. 뜬 구름 같은 허상이 아닙니다. 정직과 사랑과 동행은 언약의 하나님 여호와가 우리에게 바라는 삶입니다. 욕심으로 어두워진 세상에 희망이 있는 것은 빛이 다 사라지지 않았기 때문입니다. 정직하게 사랑하며 같이 걷는 언약백성이 여호와 하나님의 희망이며 빛입니다. 마음과 뜻과 힘을 다해 하나님을 예배하고, 말씀을 체험합니다.

미가 6장 1-8절

1. 너희는 여호와의 말씀을 들을지어다 너는 일어나서 산을 향하여 변론하여 작은 산들이 네 목소리를 듣게 하라 하셨나니
2. 너희 산들과 땅의 견고한 지대들아 너희는 여호와의 변론을 들으라 여호와께서 자기 백성과 변론하시며 이스라엘과 변론하실 것이라
3. 이르시기를 내 백성아 내가 무엇을 네게 행하였으며 무슨 일로 너를 괴롭게 하였느냐 너는 내게 증언하라
4. 내가 너를 애굽 땅에서 인도해 내어 종 노릇 하는 집에서 속량하였고 모세와 아론과 미리암을 네 앞에 보냈느니라
5. 내 백성아 너는 모압 왕 발락이 꾀한 것과 브올의 아들 발람이 그에게 대답한 것을 기억하며 싯딤에서부터 길갈까지의 일을 기억하라 그리하면 나 여호와가 공의롭게 행한 일을 알리라 하실 것이니라
6. 내가 무엇을 가지고 여호와 앞에 나아가며 높으신 하나님께 경배할까 내가 번제물로 일 년 된 송아지를 가지고 그 앞에 나아갈까
7. 여호와께서 천천의 숫양이나 만만의 강물 같은 기름을 기뻐하실까 내 허물을 위하여 내 맏아들을, 내 영혼의 죄로 말미암아 내 몸의 열매를 드릴까
8. 사람아 주께서 선한 것이 무엇임을 네게 보이셨나니 여호와께서 네게 구하시는 것은 오직 정의를 행하며 인자를 사랑하며 겸손하게 네 하나님과 함께 행하는 것이 아니냐

세상이 점점 욕심으로 어두워지는 이유는 무엇인가요. 선할 수 있는 기회를 쉽게 포기했기 때문입니다. 악을 막는 것이 중요한 만큼 선을 추구하는 것도 중요합니다. 선의 방관이 악을 꽃 피웁니다. 여호와 하나님의 선은 언제 어디서나 샬롬입니다. 자기감정과 욕심에 취한 세상에서 하나님 나라의 샬롬을 바라는 것은 어렵습니다.

예언자는 악한 세상에서 여호와 하나님의 희망을 전하는 자입니다. 그래서 외롭고 슬프고 고단합니다. 그만큼 여호와 하나님의 진심 곁으로 다가갑니다. 미가는 "여호와와 같은 이가 누구인가(미7:18, 주와 같은 신이 어디 있으리이까 주께서는 죄악과 그 기업에 남은 자의 허물을 사유하시며 인애를 기뻐하시므로 진노를 오래 품지 아니하시나이다)"라는 뜻입니다. 그는 여호와 하나님께 나아가는 길을 소개합니다. 정직과 사랑과 동행을 요청합니다. 미가 시대나 지금이나 수많은 예배가 드려집니다. 우리가 드리는 예배, 과연 누구를 향한 예배인가요. 자기만족을 위한 것은 아닌가요.

미가는 헛된 행위만 가득한 예배를 꾸짖습니다. 아무 행함이 없는 사랑을 나무랍니다. 둘 다 공허하고, 둘 다 무익합니다. 그는 세상 욕심을 고스란히 따르면서 꼬박꼬박 예배드리는 자를 책망

합니다. 예배, 생각, 고백, 행위, 일상이 전혀 어우러지지 않습니다. 앎과 삶이 물과 기름처럼 나뉩니다. 살지 못하면 알지 못하는 것입니다.

거짓 예배자는 여호와 하나님을 예배하고자 일 년 된 송아지, 천 마리 양, 만 개의 강의 채울 기름만 생각합니다. 그분에게 죄를 용서 받고자 자기 몸으로 낳은 맏아들까지 바치려고 합니다. 어떻게 이런 생각과 행동이 가능할까 싶은데, 타락한 인간에게 불가능이란 없습니다. 여호와 하나님의 심정은 안중에도 없고, 자신의 바람만 가득합니다.

예언자 미가는 사람에게 무엇이 유익한지, 여호와 하나님의 바람이 어떠한지를 이야기합니다. "의를 행하고, 인자를 사랑하고, 겸손히 하나님과 함께 행하는 것"이라고 말합니다. 여호와 하나님은 심판의 막대기를 들어서라도 우리를 악에서 선으로 돌이킵니다. 세상에 악이 가득하더라도 선을, 선할 수 있는 기회를 소중히 여겨야 합니다. 여호와 하나님의 아슬아슬한 희망 안에서 정직하게 사랑하며 같이 걸어야 합니다. 하나님 나라의 샬롬은 우리의 마음과 손과 발에 있습니다.

말씀체험

정직하게 사랑하며 같이 걷자

1. 샬롬을 향한 여호와 하나님의 희망은 오늘도 존재합니다. 샬롬은 정직하게 사랑하며 같이 걷는 삶입니다. 셋이 하나로 어우러지길 바라며, 손과 마음과 발로 표현하는 말씀체험입니다.

미리 준비하기

1. "정직하게", "사랑하며", "같이 걷자"를 투명 라벨지로 프린트한다.
   - 종이에 붙이려고 한다.

2. 하트모양 도장을 만든다.
   - 우드락(또는 스펀지)을 하트모형으로 자른 후 손잡이를 붙인다.
   * 큰 사이즈의 지우개로 조각하여 만들어도 된다.

진행하기

3. 물감을 사용하므로 책상이나 바닥에 비닐을 덮는다.

4. 하얀색 두꺼운 종이(A3)와 투명 라벨지로 프린트한 단어를 나눠 준다. 라벨지를 종이에 붙이고, 아래에 "하나님의 바람(미6:8)"과 친구 이름을 적는다.

5. 세가지 색상(파란색, 빨간색, 녹색) 물감을 일회용 접시에 담아 나눠 준다.

준비물	하얀색 두꺼운 종이(A3) 물감 / 색연필 / 네임펜 / 투명 라벨지 일회용 접시 / 하트모양 스폰지 도장 책상 덮을 비닐 / 물티슈	더 생각하기	물감을 빨리 말리고 싶다면 선풍기나 드라이기를 활용합니다. 손과 발에 물감을 묻혀 찍기가 어렵다면 손과 발을 본 떠서 오린 후 붙입니다. 손과 하트와 발모양으로 색종이를 오린 후 붙여도 됩니다.

6 "정직하게" 옆에 파란색 물감으로 손도장을 찍는다. "사랑하며" 옆에 빨간색 물감으로 하트모양 도장을 찍는다. "같이 걷자" 옆에 녹색 물감으로 발도장을 찍는다.

- 접시에 손과 발을 직접 대어 물감을 묻힌다.
- 발도장은 발로 찍거나, 손으로 발모양을 만든다.
- 찍은 후 물티슈로 손과 발을 닦아준다.

✱ 롤러를 이용하여 손과 발에 물감을 묻혀줘도 좋다. 롤러의 촉감을 재밌어 한다.

7 "정직하게 사랑하며 같이 걷자, 하나님의 바람"을 완성한 후 물감이 마를 때까지 기다린다.

8 종이를 모아 예배실 벽에 붙인다. 손과 마음과 발 앞에서 사진을 찍어 소중히 기억한다.

- 정직과 사랑과 동행을 기대한다.

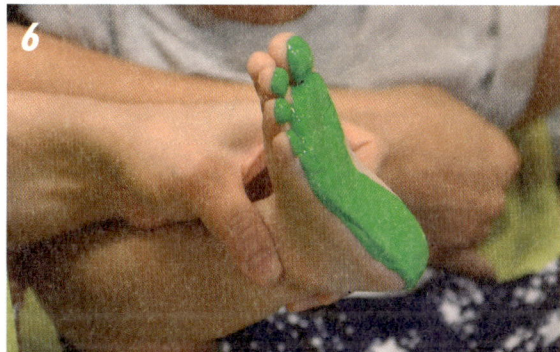
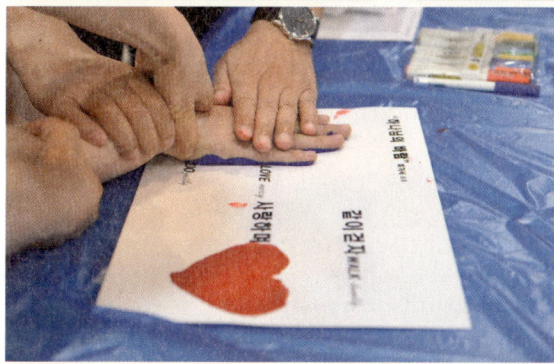
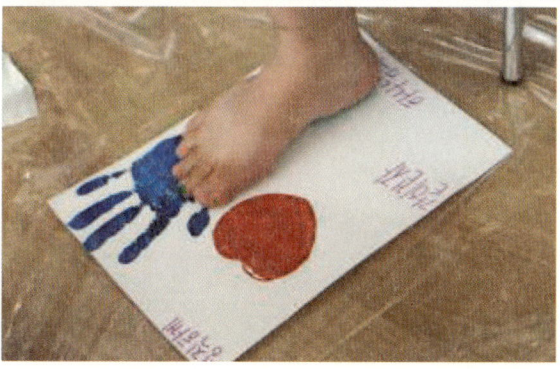

 어울리는 찬양 ♪ 주와 같이 길 가는 것 _ 찬송가 456장

말씀체험 | 정직하게 사랑하며 같이 걷자

2 { 우리를 향한 여호와 하나님의 바람은 언제나 같습니다. 정직하게 사랑하며 함께 걷는 것입니다. 자신을 의미하는 목각인형에 '정직, 사랑, 동행'을 적어 함께 세워보는 말씀체험입니다.

미리 준비하기

1 관절이 움직이는 목각인형을 구입한다.

- 웹사이트에서 '무브원목인형' 검색

2 목각인형을 다양하게 꾸미고, 글자을 적기 위해 젯소로 꼼꼼히 칠한다(여러번 덧칠).

* 하루가 지나야 마른다.
* 젯소 대신 아크릴물감을 이용해도 된다.

진행하기

3 젯소를 칠한 목각인형을 조별로 나눠 준다. 목각인형 가슴 부분에 '정직, 사랑, 동행' 중에 원하는 표현을 적는다.

- 스스로 선택하게 한다.

4 '정직하게 사랑하며 함께 걸어갈 자신'을 기대하며, 목각인형을 꾸민다.

- 발바닥에 이름을 적는다.
- 눈과 코와 입을 그리고, 손과 발과 몸을 칠한다.

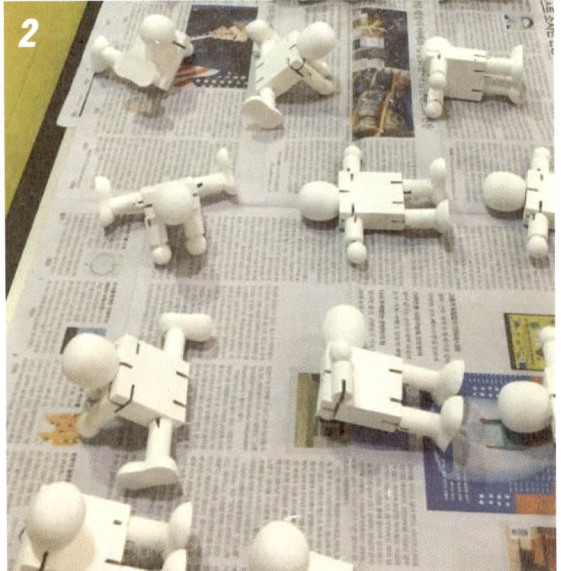

준비물
- 목각인형
- 젯소
- 신문지
- 붓 / 네임펜 / 매직

더 생각하기
글씨 쓰기가 어려운 친구를 위해 '정직', '사랑', '동행' 글씨를 미리 출력해서 준비합니다. 친구 얼굴 사진을 미리 출력해서 코팅한 후에 목각인형 얼굴 부분에 붙여도 좋습니다. 더 흥미를 가지고 활동에 참여할 것입니다.

5 자신의 목각인형이 걸어가는 것처럼 움직여 본다. 관절을 꺾으며 다양하게 표현한다.

· 우리를 향한 여호와 하나님의 바람 따라 함께 걸어가자고 다짐한다.

6 조별로 목각인형을 모아 사진을 찍어 소중히 기억한다.

30

구원은 여호와에게 있다

여호와 하나님은 구원을 통해 그분의 희망을 온전하게, 완전하게 이룹니다. 구원의 희망이 오직 자신에게만 있음을 이야기합니다. 그것은 언제나 어디서나 샬롬입니다. 구원은 심판과 회복을 통해 이루어집니다. 전자를 간과하기 쉽지만, 죄악을 향한 심판은 그분의 권리이자 의무입니다. 마음과 뜻과 힘을 다해 하나님을 예배하고, 말씀을 체험합니다.

성경 본문

요나 2장 1-10절

1. 요나가 물고기 뱃속에서 그의 하나님 여호와께 기도하여
2. 이르되 내가 받는 고난으로 말미암아 여호와께 불러 아뢰었더니 주께서 내게 대답하셨고 내가 스올의 뱃속에서 부르짖었더니 주께서 내 음성을 들으셨나이다
3. 주께서 나를 깊음 속 바다 가운데에 던지셨으므로 큰 물이 나를 둘렀고 주의 파도와 큰 물결이 다 내 위에 넘쳤나이다
4. 내가 말하기를 내가 주의 목전에서 쫓겨났을지라도 다시 주의 성전을 바라보겠다 하였나이다
5. 물이 나를 영혼까지 둘렀사오며 깊음이 나를 에워싸고 바다 풀이 내 머리를 감쌌나이다
6. 내가 산의 뿌리까지 내려갔사오며 땅이 그 빗장으로 나를 오래도록 막았사오나 나의 하나님 여호와여 주께서 내 생명을 구덩이에서 건지셨나이다
7. 내 영혼이 내 속에서 피곤할 때에 내가 여호와를 생각하였더니 내 기도가 주께 이르렀사오며 주의 성전에 미쳤나이다
8. 거짓되고 헛된 것을 숭상하는 모든 자는 자기에게 베푸신 은혜를 버렸사오나
9. 나는 감사하는 목소리로 주께 제사를 드리며 나의 서원을 주께 갚겠나이다 구원은 여호와께 속하였나이다 하니라
10. 여호와께서 그 물고기에게 말씀하시매 요나를 육지에 토하니라

성경 배경

　구원이라는 표현을 가장 많이 쓰는 곳은 교회입니다. 구원은 '어려움이나 위험에 빠진 사람을 구하여 줌'이라는 뜻입니다. 사람은 저마다 고단한 삶을 누군가 도와주면 좋겠다고 여깁니다. 구원은 창세 전에 '여호와 하나님의 심판과 회복을 위해 기름 부음 받은 자, 예수 그리스도' 안에서 시작되었습니다(엡1:3). 시작과 진행과 완성 모두 예수 그리스도 안에서 이루어집니다.

　남유다와 북이스라엘 모두 참된 구원과 샬롬을 바라지 않습니다. 세상 욕심을 따릅니다. 스스로 구원의 백성이라고 여기고, 다른 나라 사람을 짐승 취급합니다. 요나 시대, 여로보암 2세는 북이스라엘을 가장 부유하게 만들었습니다. 구원이 돈과 권력에 있다고 여겼습니다. 당시 앗수르가 고대 근동 주인입니다. 북이스라엘과 남유다를 자주 괴롭혔습니다. 남북왕조 모두 앗수르가 정말 미웠습니다.

　그런데 여호와 하나님은 아밋대(신실함이라는 뜻)의 아들 요나(비둘기라는 뜻)를 앗수르 수도 니느웨로 가라고 합니다. 가서 자신의 심판을 전하고 회개를 촉구하라고 합니다. 요나는 영원히 저주 받길 바라는 그들에게 가고 싶지 않습니다. 그럴 마음이 전혀 없습니다. 그는 세상 끝이라 여긴 다시스(지금 스페인)행 배를 탑니다. 예언자로 살길 포기합니다.

　요나가 탄 배는 커다란 파도와 폭풍우를 만납니다. 그는 자포자기하듯 뱃사람에게 자신을 바

다에 던지라고 합니다. 여호와 하나님이 자신 때문에 파도와 폭풍우를 일으켰다고 여겼습니다. 사실이 그러합니다. 니느웨에 갈 바엔 바다에 빠져 죽는 게 좋다고 생각합니다. 이제 그만하고(살고) 싶은 요나를 파도만한 물고기가 삼킵니다.

요나는 목숨이 거의 사라진 구덩이와 영원한 땅의 감옥 같은, 구원이 보이지 않는 물고기 뱃속에서 참된 구원을 만납니다. 그곳까지 함께하는 하나님의 은혜와 자비와 긍휼을 맛봅니다. 시편 기자는 "너희는 여호와의 선하심을 맛보아 알지어다 그에게 피하는 자는 복이 있도다(시 34:8)"라고 노래합니다. 요나는 "내가 주 앞에서 쫓겨났으나 다시 주의 거룩한 성전을 보기를 원한다"며, 물고기 뱃속에서 감사와 찬양의 제물을 드리겠다고 합니다.

여호와 하나님이 가장 좋아하는 제물은 그분을 향한 믿음입니다. 오늘도 그분은 구원이 오직 자신에게 있음을 이야기합니다. 그분의 진심을 헤아리며, 심판과 회복을 통해 이루어지는 구원을 누리고 나누면 좋겠습니다.

말씀체험 — 구원은 여호와에게 있다

고집불통 요나는 생명이 사라지기 직전 물고기 뱃속에서 여호와 하나님의 구원을 노래합니다. 물고기 안에 들어가듯 물고기 모형에 자신을 그리고, "구원은 여호와에게 있다"고 고백하는 말씀체험입니다.

미리 준비하기

1 전지에 커다란 물고기를 그린다. 위에 "구원은 여호와에게 있다"고 적는다.

- 커다란 물고기 안에 미리 양면테이프를 붙인다.
- 친구가 만든 작은 물고기를 커다란 물고기 안에 붙이려고 한다.

진행하기

2 두꺼운 색종이(A4)에 물고기 모형을 그린 후 가위로 오린다.

3 조별로 원형라벨지를 나눠준다. 원형라벨지 위에 "구원은 여호와에게 있다"고 적는다. 아래에 친구 얼굴을 그리고, 이름을 적는다. 작은 물고기 모형 안에 원형라벨지를 붙인다.

- 요나가 물고기 뱃속에 들어가듯 작은 물고기 모형 안에 원형라벨지를 붙인다.

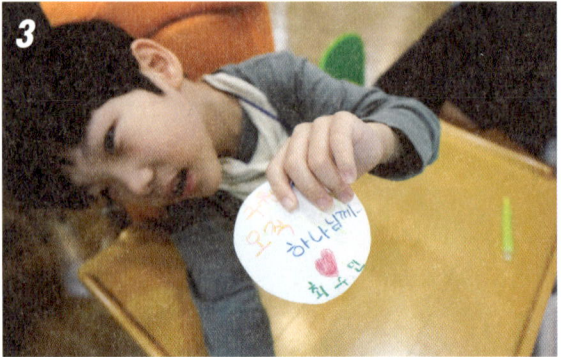

준비물 { 물고기 모형 종이 / 원형라벨지 / 플라스틱 투명반구 / 색연필 / 전지 / 양면테이프 / 접착제

더 생각하기 : 자신이 생각하는 이미지를 그리는 것은 어렵습니다. 다양한 물고기 이미지를 보고 따라 그리게 합니다. 물고기 틀을 준비하여 대고 그려도 됩니다. 안전한 가위 사용을 위해 끝이 둥근 가위를 사용하면 좋습니다. 혼자 가위를 사용하기 어렵다면 2인용 가위, 스프링 가위, 잡기 쉬운 루프 가위 등을 준비합니다 (아이소리몰, 에듀카프).

4 원형라벨지 위에 플라스틱 투명반구를 붙인다.

· 요나가 물고기 뱃속에서 구원의 하나님을 만난 이야기를 전한다.

✱ 접착제는 교사가 직접 사용한다.

5 커다란 물고기가 그려진 전지 앞으로 가지고 나온다. 전지에 붙인 양면테이프 한 면을 제거한다. 친구가 꾸민 작은 물고기를 전지에 그려진 커다란 물고기 안에 붙인다.

· 교사는 친구와 함께 "구원은 여호와에게 있다"를 이야기한다.

6 커다란 물고기 앞에서 사진을 찍어 소중히 기억한다.

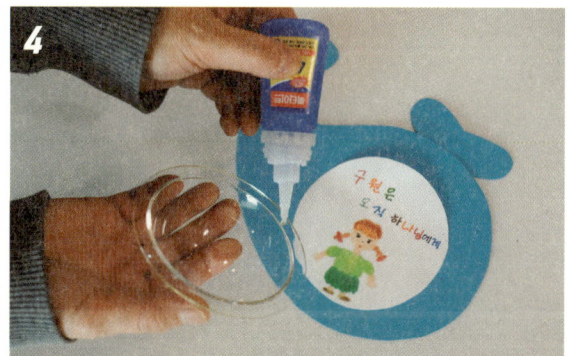

어울리는 찬양 ♪♬ : 요나의 기도_복음성가

| 말씀체험 | **구원은 여호와에게 있다** | 2 | 요나는 여호와 하나님의 뜻을 인정하기 어려워 힘겨운 시간을 보냅니다. 도망치듯 떠났다 커다란 물고기 뱃속에 들어가서야 그분의 마음을 조금씩 알아갑니다. 이해하기 어려운 상황(A3 종이에 가득 적은 어려움)을 지나 물고기 뱃속(놀이용 터널)에서 "구원은 여호와에게 있다"고 고백하는 말씀체험입니다. |

진행하기

1 두꺼운 종이(A3)를 조별로 나눠 준다. '최근에 만난 힘든 일'을 이야기하고, 교사가 종이에 기록한다.

- 주중에 부모에게 물어본다.
- 최근에 만난 힘든 일은 요나가 들어간 물고기 뱃속을 의미한다.

2 요나처럼 우리도 물고기 뱃속(최근에 만난 힘든 일)에 들어간다는 의미로 터널 입구 위에 조별로 '최근에 만난 힘든 일(종이)'을 붙인다.

- 한명씩 종이를 들춰 터널 안으로, 물고기 뱃속으로 들어간다.
- 놀이용 터널로 물고기 뱃속을 표현한다.

✽ 매트를 터널 옆에 준비한다.

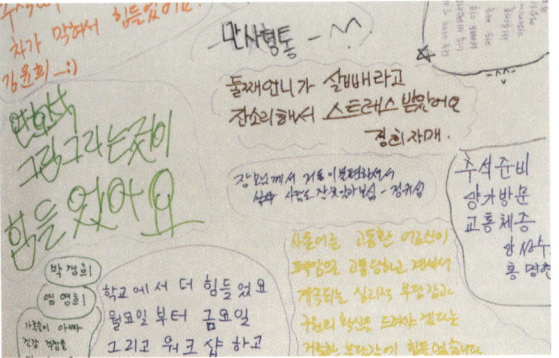

준비물
- 놀이용 터널
- 두꺼운 종이(A3)
- 매트
- 필기구

더 생각하기
놀이용 터널 대신 큰 종이박스를 활용할 수 있습니다. 박스 윗면과 아랫면을 펼친 후 서로 연결하면 터널이 됩니다. 어둡거나 좁은 곳에 들어가기 싫어할 수 있습니다. 휠체어를 타고 있다면 들어갈 수 없습니다. 훌라후프를 준비해서 위에서 아래로 통과하거나 상체만 통과할 수 있습니다. 색상지로 징검다리를 만들어 건널 수 있습니다.

3 터널을 지나갈 때 터널 밖에 있는 친구와 교사는 "구원은 여호와에게 있다"고 외친다.

· 혼자 들어갈 수 없다면 교사가 따라 들어간다.
· 터널 안에 들어가기가 어렵거나 무서워하면 다른 친구가 터널 안을 지날 때 터널 밖에서 같이 걷게 한다.

✱ 억지로 진행하지 않는다.

4 물고기 뱃속을 의미하는 터널 앞에서 사진을 찍어 소중히 기억한다.

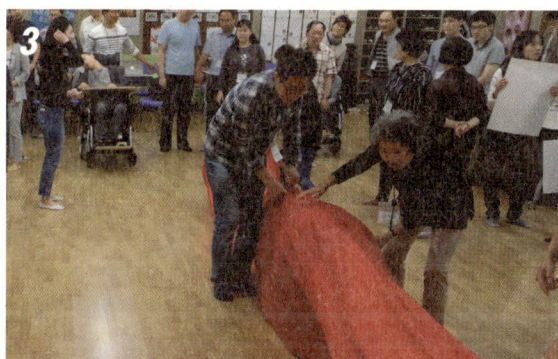

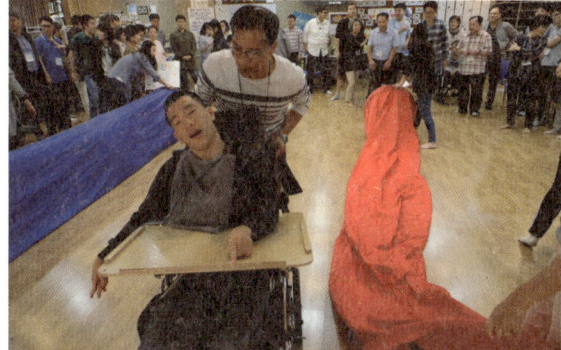

말씀따라 걸어가자

에필로그

말씀체험

김은정 장애인부서 말씀체험은 일반 주일학교 공과공부와 다릅니다. 듣고 읽고 쓰는 등의 활동이라기보다는, 온 몸과 마음으로 체험하는 활동입니다. 직관적이고 개방적이고 자유로운 체험입니다. 하나님의 말씀을 오감으로 경험하는 시간입니다. 바라는 건 오직 하나입니다. 하나님의 마음이 친구들 마음에 닿는 겁니다. 가르치기보다는 배우는 마음으로 함께하고 싶습니다. 다른 교회 장애인부서도 말씀체험을 시작하길 응원합니다. 말씀의 통로를 함께 만들어가면 좋겠습니다.

김지영 장애인에 대한 정보 없이 봉사를 시작했습니다. 미술을 전공하고 수업을 진행해 본 입장에서 말씀체험을 복잡하게 생각했습니다. 하지만 우리사랑부 말씀체험은 그렇게 접근하면 안 됩니다. 장애를 가진 이들은 인지와 정서행동 차이가 무척 큽니다. 말씀을 듣고 간단한 활동으로 다시 한번 새기는 게 제일 중요합니다. 쓰기, 그리기, 만들기 등의 미술활동과 춤추기, 뛰기 등의 운동활동으로 진행합니다. 단순한 활동 같아 보이지만 말씀을 체험하며 순수하게 기뻐합니다. 말씀체험 결과물은 투박하면서도 아름답습니다. 작품성마저 느껴져 무척 신기합니다.

김해솔 우리사랑부에는 발달장애를 가진 유아, 어린이, 청소년, 청년, 장년이 있습니다. 매주 말씀에 어울리는 말씀체험을 준비하고, 진행하고 있습니다. 제 스스로 말씀에 대한 이해가 깊어져서 감사합니다. 간단하되 흥미로운 활동을 직접 해보며, 자연스레 말씀과 가까워집니다. 앞으로도 꾸준히 다양한 활동을 함께 만들고 싶습니다. 우리사랑부 말씀체험 이야기가 책으로 나온다니, 참 설렙니다. 다른 교회 장애인부서에게 작은 이정표이길 바랍니다. 해보니 좋은 걸 알겠습니다. 여러분도 꼭 해보면 좋겠습니다. 발달장애를 가진 이들과 즐겁게 말씀을 체험하면서요.

안상준 장애를 가진 친구들이 하나님의 마음으로 알아가고, 기억하고, 전하면 좋겠습니다. 그러한 바람으로 말씀체험팀에서 사진을 찍습니다. 함께 웃으며 체험하는 동안 마음이 점점 커집니다. 발달장애인과 함께하는 말씀체험이 곳곳으로 퍼져나가면 좋겠습니다. 더 오래 하나님의 마음이 머물면 좋겠습니다. 프레임 안에서 친구들을 보고 담습니다. 미소가 지어지고, 마음이 따뜻해집니다. 함께하는 기쁨으로 행복한 시간입니다.

이도영 "우리가 이 멋진 일을 했었다고." 엮어놓고 보니 놀랐습니다. 아무 자료도 없고 본 딸 것도 없던 때, 무작정 시작했습니다. 물밑에서 치열하게 버둥댔는데, 대실패로 끝나는 말씀체험도 많았습니다. 고개도 마음도 둘 곳 없던 날도 있었습니다. 겨우 겨우 한 땀씩 버텼는데, 너무나 아름답고 풍성한 이야기가 모였습니다. 버틴 것은 내가 아니라 하나님입니다. 오직 하나님만이 할 수 있는 기적입니다. 하나님이 실수투성이 곰손을 소중히 사용했습니다. 책을 읽는 모든 이들에게도 하나님의 능력이 함께하길 응원합니다.

이선경 지금까지 해왔던 말씀체험이 모여 책이 된다니 너무 놀랍고 기대됩니다. 이야기가 좋은 길잡이가 되면 좋겠습니다. 다양한 장애를 가진 이들이 하나님의 말씀을 더 가까이에서 만나고, 체험하길 소원합니다.

이유정 장애인과 더불어 살아가는 삶과는 거리가 있었습니다. 우리사랑부에서 아이들과 같이 예배 드리고 말씀체험을 준비하면서 궁금한 게 생겼습니다. "이 아이들은 세상을 어떠한 시선으로 바라보고 있을까, 하나님을 어떻게 느끼고 있을까." 장애의 특성을 고려하며 선생님들과 힘을 모아 말씀체험을 준비했습니다. 소중한 시간과 아이디어를 모아 말씀체험 이야기를 구성했습니다. 장애인과 더불어 샬롬을 누리고 싶은 이들에게 작은 도움이 되면 좋겠습니다.

이중렬   2014년 1월, 우리사랑부 신설을 위해 여러 교회 장애인부서를 탐방했습니다. 분당 우리교회 우리사랑부 예배를 세팅하던 기억이 생생합니다. 처음 예배 드리던 3월 9일 주일부터 지금까지 한주도 빠짐없이 말씀체험이 이어졌습니다. 매년 비슷한 프로그램이지만, 조금씩 변화를 주면서 지금까지 왔습니다. 처음엔 무엇을 해야 할지 막막했습니다. 말씀체험이 자리를 잡아가면서 은혜가 더해졌습니다. 저는 사진으로 예배와 말씀체험을 기록했습니다. 잘 참여하지 못하던 친구들이 조금씩 성장하며, 즐겁게 말씀을 체험합니다. 앞으로도 그러하겠지요.

이지연   친구들이 말씀의 다양한 상황을 몸과 마음으로 체험해서 감사했습니다. 친구들을 생각하며 진행했지만 그곳에 저도 함께했습니다. 체험 가운데 그리고 우리들의 삶으로 이어져 하나님께서 함께하신다는 것을 보게됩니다. 은혜와 섭리 안에서 우리를 인도하신다는 것도요. 친구들과 말씀을 체험하면서 오히려 제가 조금씩 알아갑니다. 말씀체험의 여정에 함께한 친구들과 선생님들이 참 고맙습니다.

이현정   말씀체험을 통해 생애주기에 따라 변화하는 친구들을 봅니다. 변화에 따라 어떤 활동이 필요하며, 특성이 다른 친구들에게 말씀을 어떻게 전달할 수 있을지를 고민합니다. 우리의 시각과 관점이 점점 넓어집니다. 처음 시작했을 때는 막막하고 어려웠지만, 매주 준비하면서 바람이 생깁니다. 하나님의 마음을 친구들과 더 깊이 나누고 싶습니다. 말씀체험과 같은 활동을 진행하기 어려운 장애인부서도 있을 겁니다. 처음 시작하는 게 어렵게 느껴지지만, 한 걸음 내딛는 순간 함께 만들어가는 기쁨을 누릴 겁니다. 말씀체험을 통해 하나님의 사랑이 서로에게 전해질 겁니다. 메마른 땅에 새싹이 돋아나는 것처럼 자연스럽게 이루어질 겁니다. 부족한 우리도 했으니, 여러분도 가능합니다. 얼마든지요. 시작이 반입니다. 말씀체험을 시작하는 분들에게 작은 도움이 되면 좋겠습니다.

이하민　우리사랑부 말씀체험팀에서 2년 동안 함께했습니다. 무척 값진 경험이었습니다. 장애학생들에게 어떻게 말씀이 전해질 수 있을지를 매주 고민하고 준비합니다. 제가 먼저 말씀을 더 묵상하며, 장애학생들을 생각하는 시간을 가집니다. 열심히 준비한 말씀체험, 친구들이 교사들과 서로 소통하며 즐거워하니 참 감사합니다. 하나님의 일하심을 경험합니다.

주연아　장애인부서에서 함께 예배를 드려보니 각자 장애 특성이 다르고 다양하다는 것을 알게 되었습니다. 어떤 장애청년은 말씀을 듣는 것만으로 메시지가 전해집니다. 어떤 장애청년은 보다 직관적인 방법이 필요합니다. 말씀체험은 그렇게 시작되었습니다. 다양한 이들에게 말씀을 다양하게 전하기 위해서요. 매주 메시지를 담은 활동을 준비하고, 함께 체험합니다. 한번 듣고 쉽게 잊던 하나님의 마음을 보다 오랜기간 생각합니다. 고민과 즐거움이 담긴 활동이 다른 교회에도 전해진다니, 참 기쁩니다.

주진아　말씀체험이라는 표현이 생소할 겁니다. 스스로 말씀을 읽고 이해하고 묵상하기 어려운 친구들에게 말씀체험 활동은 어떤 의미가 있을까요. 문화와 예체능 활동으로 말씀을 만나게 하는 매우 직관적인 체험입니다. 저는 하나님을 만나고, 그림을 배우며, 장애인을 만났습니다. 가장 가치 있는 일은 장애인과 더불어 말씀을 체험하는 시간입니다.

정진미　장애를 가진 친구들과 대화를 시도했습니다. 수년간 함께하며 그들의 이야기에 귀를 기울였습니다. 그들은 다양한 언어를 가지고 이야기합니다. 우리도 다양한 마음을 지니고 이야기를 들었습니다. 어떤 친구는 언어로 쉴 새 없이 이야기하고, 어떤 친구는 눈으로, 또 어떤 친구는 마음으로, 또 어떤 친구는 행동과 표정으로 말을 겁니다. 하나님은 그들과 어떤 이야기를 나누며, 마음을 공유하실까요. 말씀체험은 친구들과 하나님의 이야기와 마음을 나누는 작은 공간입니다. 이번 주일에도 그곳에서 만날 겁니다.

최태환 우리사랑부에서 사진으로 섬기고 있습니다. 예배 때 들은 말씀을 체험하는 시간, 하나님과 서로에게 가까워지는 시간입니다. 사진 속 표정을 보면 모두 마찬가지입니다. 준비하고 진행하면서 사랑을 담고 있습니다. 하나님의 희망이 담긴 우리사랑부 말씀체험 이야기를 통해 더불어 샬롬의 아름다운 소식이 전해지면 좋겠습니다.

최윤정 발달장애라는 영역은 처음이었기 때문에 두려운 마음으로 배워가면서 말씀체험을 시작했습니다. 자폐성 장애를 가지고 있는 친구들은 시각적으로 사고한다는 데 착안해 시각적인 방법들을 이용해서 말씀을 효과적으로 전할 수 있도록 노력했습니다. 미술이론을 공부한 것이 도움이 되지 않을까 기대했지만 매번 머리를 쥐어짜야 했고 지나고 보니 오히려 생각지도 못한 것들을 얻은 시간이었습니다. 오랫동안 가지고 있던 예술에 대한 질문이나 신앙적인 고민들을 더는 하지 않게 되었거든요. 놀라운 섭리의 세계를 알게 되었기 때문인 것 같습니다. 말씀체험을 통해 우리사랑부 친구들과 함께 예배드린 것은 평생 잊지 못할 기억이 되었습니다.

홍연실 주일학교 경험이 없어 말씀체험을 구상하고 준비하는 일이 어려웠습니다. 말씀체험팀 교사들과 함께하며 힘을 냈습니다. 다양한 장애가 공존하기에, 많은 배려와 세심한 준비가 필요했습니다. 말씀체험팀을 하기 전에는 친구들 마음에 말씀이 얼마나 새겨질지 의문을 가졌습니다. 앞으로도 많은 고민과 배움과 친구들을 이해하는 과정이 필요할 겁니다. 가장 중요한 건 친구들이 재밌고 즐겁게 말씀을 체험하는 겁니다. 친구들 모습을 보면 저도 무척 행복합니다. 하나님의 말씀을 체험하는 것이니, 다른 누구보다 그분이 가장 기뻐하실 것입니다.

더 생각하기 · 어울리는 찬양

서명지 말씀체험 이야기를 만드는 데 동참하게 되어 기쁩니다. 이 책에는 매주 제한된 시공간에서 말씀을 체험하도록 계획하고 준비한 노력이 가득합니다. 그래서 '더 생각하기'를 넣는 게 쉽지 않았습니다. 함께 하기에 부족했지만, 제 자신에게 귀한 시간이었습니다. 학교 현장에서 재미있고 새로운 활동으로 예쁜 결과물을 만날 때가 있습니다. 우리 친구들이 얼마나 좋아하는지 모릅니다. 말씀체험 이야기에 담긴 다양한 활동은 많은 친구들에게 흥미롭고 즐거운 경험을 선물할 것입니다. 하나님의 말씀을 신나게 체험할 친구들, 상상만해도 참 좋습니다.

최승미 개성이 다양한 우리 친구들은 미술을 통해 자신의 생각과 느낌을 자유롭게 표현합니다. 분당우리교회 우리사랑부 말씀체험은 미술 중심의 예체능 활동입니다. 하나님의 말씀을 듣고 마음에 새기며 기쁨을 표현하는 시간입니다. 교회마다 부서와 우리 친구들 상황이 다릅니다. '더 생각하기'를 통해 전하고 싶은 이야기는 위축되지 말고, 자유로이 진행하면 좋겠다는 것입니다. 활동을 더하거나 빼거나 응용해도 괜찮습니다. 마음을 담으면 기뻐할 것입니다. '더 생각하기'는 여러 고민(활동 장소, 단계, 난이도, 소요 시간, 안전 문제, 재료 접근성, 보조 도구 여부, 교사 지원 등)에 대한 간단한 안내입니다. 다른 교회도 말씀체험을 시작하면 좋겠습니다. 하나님의 말씀이 우리 친구들에게 더 많이, 더 쉽게, 더 즐겁게 다가가길 기대합니다.

우리사랑부

책 출간을 축하합니다 ♡

-조윤서-
우리사랑 청년부를 다니게 해 주셔서 감사합니다.

우리사랑부
백진호

말씀체험
좋아던 만들기체험
포도열매 감나무 무화과나뭇잎이마르고

좋아용 좋아용

내 모든 삶의 감사 늘 충만 하네
-현우-

위 사랑부 책을 만들어서 감사하고 행복해요 서희선
DAEI

크리스찬의 기쁨속에 캐리커쳐를 보고 느낍니다. 축하드립니다. -김영운-

말씀체험에서 윤희가 사진이 예쁘게 나왔으면 좋겠어요, 엄마가 윤희 얼굴이랑 패션이 잘 어울리는 사진을 좋아하니까요. 김윤희-

예쁘게 잘 나오게 책 펴주세요!
-신유섭-

축하해요
-요셉-

축하해요 양진우

목사님 감사

사랑해요 ♡♡♡♡
To be Continue.

하나님 감사합니다 사랑해요.
-이준엽-

하나님 사랑해요
　　-장중욱-

예배
찬양 재밌다

하나님 감사합니다
사랑해요.

우리 사랑부에서 말씀 체험을 통해 하나님은혜를 더 알아 갈수 있고 사랑이란 단어를 더 알아갈수있어서 감사합니다. -지혜-

말씀축복
말씀 하나님
께합니다
양호석

-우리사랑부에서 말씀체험(하나님을 더 알아갈수 있배)
감사해요.

귀한 말씀 나누고 체험을
통하여 더욱 하나님을 알게됨을
감사합니다　　조은형

말씀체험을 하며
즐거운 시간을 보냈습니다.
이동현

이민영

사랑합니다

말씀 체험 하면서 하나님을 더욱 사랑
하게 됐었서요, 한성범
2019. 03. 31

책 나와서 좋아요. 병진이

책 발간을 축하드립니다.
　　　　황진호

엄
마
은
규

책 나오와서 기뻐요 김광건

엄마! 아빠! 사랑해요.
우리 행복하게 살아요.
2019. 3. 31

아이들과 소중한 시간을 보낼수있는
말씀체험을 감사드립니다 - 민명진

말씀체험을 통해서 교사와 틱생이
하나가 될수 있음을 감사드립니다 - 박월노

아이들과 함께 예배드리고 말씀체험하는
이 시간들이 참 좋고　　　　　감사합니다.
　　　　　함께 할수 있음에　 -임의정-

언제까지나 함께하는 우리 사랑부!
늘 주님과 동행하는 우리 사랑부!
장애우와 함께 웃고 우는 우리 사랑부!
사철만큼 언제나 손에 손을 잡고 ~
언제나 주님손을잡고 함께 걸어가요!
주님 사랑합니다. - 멘트 주명호 -

　　　　　말씀체험통해 연약한 자들을 돌보고 함께 하시는
하나님 사랑과 말씀을 약속　　　　하나님의 손길, 반자체를 느끼며
알수있고 기념하게 되어　　　　　감사드립니다.
　감사합니다　채경건.

와 - 너무나 즐겁고 행복한 시간들이
이렇게 멋지게 작품이 되었네요
서로에게 소중한 시간들 감동입니다
우리 사랑부의 순수함의 모습들이
보여지니 너무 아름다워요
감사 감사. 우리모두 축복하고
사랑합니다 - 김은미 멘토 -

우리 친구들이 하나님을 알아가볼 시간
매주 마련해주셔서 감사해요.
　　　　박은숙 ♡ 위헨 -

우리 사랑부에서 한 영혼을 사랑하여
준비되어 사롱한 말씀체험이 이렇게
중간되어 많은 장애우들이 주님을
알게되는 도구로 사용됨을 감사합니다
축하드립니다.
　　　　　박숙영 멘토

그 동안의 수고가 좋은 결실을 맺고
그 결실이 사랑이 되어 큰 바람이 되길 기도합니다.
　　　　　　　-서늘현-

우리사랑부에서 말씀체험을 통해 하나님의 사랑을 더 알아가고
형제 자매들을 더 사랑하게 하셔서 감사합니다.

우리사랑부에서 같이 나누었던
말씀체험 등등이 책으로 나온다니
너무 은혜롭고 감사합니다.
하나님의 사랑이 책으로 책으로
더 전해지길 기도합니다. (박경선)

예배시간에 목사님 말씀을 듣고,

말씀체험 시간을 통해서

다시한번 더 말씀을 생각할 수 있는

유익한 시간이 되었습니다. 예배시간 이후

학생과 말씀에 대해 한번 더 이야기하면서

즐거운 성경체험과 나눔시간이 되시길 바랍니다.

함께 손 바닥으로 사랑을 전했던 것이 기억에 남아요

- 장중욱 -
우리 사랑부에서 큰 날큰일 서로 알아가고 있어
진심으로 감사합니다. 예배를 준비하는 목사님과 각 스텝님들에게
감사와 더불어 계도가 함께하기를 기도합니다.

우사청의 흔적을 보는것 같아 좋아요~
이 담이면 사건 좀 실렁놓지 그랬나~

아이다 같은 마음으로 말씀체험에 함께
하면서 참 좋았습니다 '감사'
우리 사랑부 순수한 예배. 어린아이같은 마음으로 예배하니
감사 합니다

한사람 한사람의
소중함을 알게 해주신
우리사랑청년부의
말씀체험은 매번
감동과 감사의 연속입니다.
이 인혁 멘토

말씀체험을 통해
우리사랑학생부에
하나님의 은혜와
예수그리스도의 십자가 보혈과
성령하나님의 도와주심이
아이들 생활속에 가득 가득하시길 기도합니다.
한병규

주님의 사랑이
가득한 책이래요
그리고
모두다 소중해요
김성훈멘토

- 조윤자 -
우리사랑 청년부를 다니게
해 주셔서 감사합니다,
봄캠프 준비 하게 해 주셔서
감사 합니다,

너무나 소중한 마음을
모아 알게 하신
우리사랑 청년부 말씀체험을
통해 알게 하시니 감사합니다
조 윤자 멘토

우리 사랑 청년부에 넘치는 행복이 책을 읽는 분들에게 전해졌으면 좋겠습니다
그리고 함께 행복했으면 좋겠습니다.
감사합니다.

우사청의 초점을 보는것 같아 좋아요.~
이낭이면 사건 좀 실컷 쏟지 그랬나 ~

마디마 같은 마음으로 맜씀체험에 함께
하면서 참 좋았습니다 '감사'
우리 사랑부 순수한 예배. 어린아이같은 마음으로 예배하니
감사 합니다.

오나현. 말씀체험 활동을 통해
하나님의 말씀을
슬겁게 누릴수 있었습니다!
감사해요 -주아현-

작은 손길·사랑의 맘으로 함께하는
울 사랑학생부!! 말씀체험 통해 더욱 소중한
추억과 이야기 만들게 되어 늘~~ 감사합니당♡

우리사랑부에서 같이 나누었던
말씀 체험 활동이 책으로 나온다니
너무 은혜롭고 감사합니다.
하나님의 사랑이 책으로 책으로
더 전해지길 기도합니다 (박정성)

말씀을 보고 듣고 체험하며 만들고 체험하며
말씀을 믿음으로 체험해요 ~!
하나님의 말씀 체험책 나왔어요!
"축하해요!"

매주 함께 드리는
예배를 통해 하나님 살아계심을
느끼는 감격과 감사가
넘치는 우리 사랑부이기를
원합니다.
사랑합니다
=강인자=

한국한속. 우리 사랑부에서 결정겠던
한자취로 모아 놓은 책이.
다른 청에 자매 들에게 잘 전해지길.
-정두례-

늘
즐겁고 행복하고
다정 다강한
우리사랑 청년부의
모습들이 나온다니
너무 즐겁고
감사한 일입니다
- 장 형은 -

예배가 기다려져요

말씀이 청년들에게 쉽게 다가와서
참여하며 즐거워 합니다
더 많은 청년들에게도 함께
전해지길 ^^

매주 말씀 체험을 준비해주시는
선생님들의 수고에 감사를 드립니다!
쌓이고 쌓여 책으로 출판함을
축복하고 감사합니다! - 장규현

우연한 만남이 아니라 인연의 끈을 따라 어김없이 만나게 되어
필연 이되어 버린 우사청 사랑하고 축복합니다

별 처럼 빛나는 사랑하는 군원형제와
함께 자매들이 말씀안에서 사랑으로 하나되는
행복한 시간이었습니다. 아름다운 추억이
멋진 책으로 남겨 있어 감회가 새롭습니다.
이ㅇㅇ♡한NB수

아이들과 함께한 시간들이
담겨진 책이 나와서 참 감사합니다.
많은 아이들이 이 책의 말씀 체험을 통해
조금이라도 더 하나님 알게 되길 소망합니다.
- 조현주 -

체험을 통해 말씀을 알아갈수 있음에 감사합니다. 말씀체험을 통해 의미를 뭐 없이 강자한 시기

우리 사랑 청년부에 넘치는 행복이 책을 읽는 분들에게 전해졌으면 좋겠습니다.
그리고 함께 행복했으면 좋겠습니다. 감사합니다. 임종환

우리가 함께 나누었던 말씀이 더 많은 장여65생아
장여 청년들에게 나눌 수 있는 시간이 되길 바랍니다!

하나님의
말씀을 우리의 이야기로 표현하고
기억할 수 있게 되어 기쁩니다.
감사드려요. 김선하^^

우리사랑 청년위의 예배는
하나님께서 정말 기뻐하시는
좋아하시는 예배로
우리 형제 자매님의
사랑이
충만하라.

보라 형제가 연합하여 동거함이
어찌 그리 선하고 아름다운고
헐몬의 이슬이 시온의 산들에
내림 같도다 거기서 여호와께서
복을 명령하셨나니 곧 영생이로다

시편 133편 1, 3절